신약 언어 수업

조재천

ⓒ 조재천 2025
이 책의 저작권은 저자와 도서출판 학영에 있습니다. 신 저작권법에 의하여
한국 내에서 보호받는 저작물이므로 무단 전재와 무단 복제를 금합니다.

목 차

서문 | 5

서론 | 7

1장 _ 사랑 | 15

2장 _ 구속 | 35

3장 _ 기도 | 55

4장 _ 복음 | 75

5장 _ 죄 | 93

6장 _ 영혼 | 115

7장 _ 장로 | 135

8장 _ 얼굴 | 155

9장 _ 어린양 | 179

부록 _ 전치사 | 199

신약 언어 학습 가이드 | 219

서문

이 책은 2025년 한 해 동안 「목회와 신학」에 "헬라어 산책"이라는 제목으로 연재했던 글들을 모은 것이다. 내 박사 학위 논문은 사도행전과 요세푸스에 관한 내용이지만, 미국에서 신학 수업을 받는 내내 신약 전체는 물론, 그리스-로마 역사, 구약성경과 제2성전기 유대 문헌, 초기 교부들의 글들을 두루 읽으며 공부했었다. 한국에 돌아와 지금까지 15년 정도 교수 생활을 하면서도 신학교와 대학에서 개설했던 수업의 스펙트럼도 성경의 어느 한 책, 어느 한 저자에 한정되지 않았다. 지금까지 복음서와 사도행전, 바울서신, 공동서신, 히브리서, 요한계시록 등을 거의 주기적으로 골고루 개설해 왔다. 사실 내가 재직해왔던 학교마다 신약학 분야 교수가 나 혼자이거나 두 명 정도인 상황이어서 그렇게 두루 가르치지 않으면 안 되는 상황이기도 했다. 하지만 지금까지 두루 가르친 모든 과목에서 나는 가장 많이 배웠고, 가장 큰 유익을 얻었다. 만약 한두 개 과목만을 일년 단위로 반복적으로 가르쳤다면 아마 나 자신부터 수업에 흥미와 열정을 잃었을 것이다. 이러한 나의 성정과 상황이 잘 맞아 떨어져 결국 이 책으로 결실을 맺게 되었다. 학생들을 가르치는 수업 시간과 다른 교수들과의 대화, 그리고 지역 교회에서 교우들과 함께 예배하고 대화하면서 떠올랐던 착상과 질문들이 이 책에서 다룬 주제들에 관심을 갖도록 만들었다. 각 주제에 관한 여러 자료들을 탐색하고 분류하며 정리해 나가는 과정에서 배움의 기쁨을 느끼기도 했다.

전주대 선교신학대학원 학생들, 교부문헌 강독팀 아드 폰테스 멤버들, 중앙루터교회 교우들, 아내와 세 자녀에게 감사한 마음을 전한다. 또한 이학영 대표에게도 감사한 마음을 전한다. 짧은 기간을 두고 두 번째 책을 출간하도록 격려해 주었고 본인의 바쁜 유학 생활 중에 충실하게 편집해 주었다. 기도와 전도로 노년을 불태우고 계신 부모님께 이 책을 바친다.

2025년 대림절을 앞두고

조재천

서론

번역된 복음

내가 미국의 예일신학대학원(Yale Divinity School)에서 목회학석사 과정을 공부하는 동안, 저명한 선교학자 라민 싸네(Lamin Sanneh, 1942-2019) 교수님으로부터 한 과목을 수강할 기회가 있었다(과목명은 World Christianity였으며 2000년 봄학기에 수강했다). 수업에서 사용한 교재는 잘 알려진 그의 저작, 『메시지 번역하기』(Translating the Message)였다. 한 학기 동안 거듭해서 싸네 교수님이 강조한 주제는 전 세계 무슬림들이 꾸란을 아랍어로 읽어 온 것과 대조적으로, 기독교는 처음부터 성경을 번역했다는 것이었다. 즉, 선교와 전도의 과정에서도 기독교의 복음은 언제나 토착민의 언어로 번역되어 왔다는 것이었다. 신약학자들에 의하면 예수님과 그분의 제자들은 아람어로 말하고 소통했다. 하지만 이후 복음서 저자들이 예수님의 가르침을 기록할 때 사용한 언어는 당시 세계 공용어라 할 수 있는 그리스어였다.

초기 기독교는 매우 빠른 속도로 헬라 세계 안에 퍼져 나갔다. 초기 기독교 선교의 선봉장 역할을 했던 바울은 그가 활동했던 지중해 동쪽 연안 지역 여러 곳에 편지를 보낼 때 오로지 그리스어만 사용했다(비록 그 자신은 이중 언어 구사자였지만). 바울은 그의 편지 안에 수많은 구약성경 본문을 인용했다. 인용된 본문의 거의 대다수는 오늘날 우리가 '칠십인역'이라고 부르는 히브리어 성경의 그리스어 역본이었다. 바울이 믿었던 메시아는 유대인이었고, 그 메시아를 보내신 하나님도 유대인들의 신이었지만, 바울의 사상은 그리스어로 표현되었다. 다시 말해, 기독교는 다른 언어로 번역함을 통해 나타났고 확장되었다.

선교학자 라민 싸네의 통찰은 우리와 같이 번역된 복음을 전해받고, 번역된 성경을 읽는 사람들에게 직접 적용된다. 그의 통찰에 따르면, 우리는 우리말로 읽는 성경과 우리말로 고백하는 신앙을 결코 부끄러워할 이유가 없다. 각 민족의 말로 번역된 성경이야말로 기독교 신앙이 토착화될 때 비로소 참된 것임을 웅변해 주는 증거일 수 있기 때문이다. 따라서 우리는 서구의 언어로 된 신앙과 신학이 더 탁월하다는 막연한 열등감에 빠질 필요가 없다. 또한 역으로 우리가 복음 전도자로서 타문화권에 나아갈 때 복음이 그 민족의 토착 문화에 뿌리내리도록 하는 일을 주저해서는 안 된다.

하나의 역본에 갇히는 한계

복음은 번역을 통해 존재해 왔다는 선교 역사적 관찰에도 불구하고, 경전으로서 신구약성경이 갖는 권위의 상당 부분이 본래 쓰여진 언어에 기대고 있다는 사실을 부인하기는 어렵다. "번역(飜譯)은 반역(反逆)이다"(*traduttore traditore*)라는 이탈리아 속담이 있다. 원저자의 의도를 그대로 표현하는 것이 번역의 목표라면, 그 목표는 영원히 달성될 수 없는 목표라는 것이다. 이것은 외국어를 배워 외국어로 쓰인 글과 그 글을 우리말로 번역한 것을 대조해 본 사람이라면 누구나 느끼는 진실이다. 그래서 번역은 (원칙적으로는 그래서 안 되지만) 어쩔 수 없이 창작의 측면을 지닌다. 하지만 그렇다고 해서 이 문제를 '모 아니면 도'와 같은 식으로 봐서는 안 된다. 번역에 필연적 한계가 있다고 하더라도 좋은 번역가라면 엄밀하고 충실한 번역을 위해 치열하게 고민하고 노력하기 때문이다. 좋은 번역과 나쁜 번역은 분명히 존재한다.

대부분의 한국교회 성도들은 국역성경, 그중에서도 『성경전서 개역개정판』(1998)이라는 하나의 역본만을 평생 읽고 듣고 외우며 신앙생활을 한다. 역본으로서 『개역개정판』이 지닌 우수성과 유익에도 불구하고, 그 연원(淵源)에 관해 한 가지 짚어야 할 부분이 있다. 1911년 주로 영미권 선교사들과 한국인 조사(助士)들로 이루어진 번역위원회는 약 20년의 작업 끝에 최초 국역 전권성서인 『셩경젼셔』를 출판했다. 신약성경만 놓고 보면 1887년 만주에서 영국 선교사 존 로스가 몇몇 한국인들의 도움을 받아 출판한 『예수셩교젼셔』가 있다. 하지만 1911년 『셩경젼셔』를 출판할 때, 번역위원회는 『예수셩교젼셔』를 개정하는 대신 원전으로부터 새로운 번역을 시도했다. 『셩경젼셔』 출판 직후 그 개정을 위한 작업이 시작되었으며, 다른 선교사들과 한국인들의 협업으로 1938년 『셩경개역』이 출간되었다.

전쟁 후 한글 맞춤법이 대폭 개편되자, 새로운 맞춤법과 표기법을 반영하여 1961년 『개역한글판』이 나왔다. 그로부터 38년만에 『개역한글판』에서 어렵거나 의미가 불분명한 어휘, 어구를 가다듬어 소폭 개정하여 출판한 것이 바로 『개역개정판』이다. 결국 이것은 1938년 『셩경개역』을 개정한 역본이며, 사실상 90년 가까이 된 번역이다. 실제로 『셩경개역』과 『개역개정판』을 대조하며 읽어보면 두 역본의 싱크로율이 놀라울 정도로 높다는 사실을 알 수 있다(특히 신약성경의 경우). 『셩경개역』역시 기본적으로 『셩경젼셔』(1911)를 저본으로 삼아 개정한 것이기 때문에 어휘와 구문에 있어서 상당 부분 유사하다. 그리고 두 역본 모두 그 번역 과정에서 초벌 번역에 참여했던 한국인 조사들을 통해 중국어, 즉 한문 역본들의 강한 영향을 받았다. 1998년의 개정에도 불구하고, 문장 구조, 문체, 문장 부호, 그리고 어휘에 있어서 『개역개정판』이 21세기 한국인이 사용하는 한국어와 크게 동떨어지게 느껴지는 것은 이러한 사정 때문이다. 이 역본의 문제와 한계는 곧장 성경을 읽고 묵상하고 설교하는 현장에서 체감된다. 다음 세대는 물론이고, 30-40대 성도들조차 성경을 읽으며 단어와 문장의 의미를 정확히 파악하지 못하거나 오해하는 경우가 부지기수다.

특정한 한 역본만을 고집함으로써 성경을 오석(誤釋)하는 문제는 설교자와 목회자들에게도 동일하게 나타난다. 그들은 모두 한때 신학교에 입학해서 성경의 언어인 히브리어와 그리스어를 배우고, 이른바 '원전'(原典)을 강독하는 경험까지도 했다. 하지만 성경의 언어를 배우느라 사투했던 경험은 신학교 졸업 후 아련한 추억으로만 간직될 뿐이다. 매주 설교문을 작성하면서 연구하고 분석하는 성경 본문은 원전이 아닌 번역본인 경우가 대부분이다. 이러한 까닭에 목회자들이 설교 중 특정한 단어를 설명할 때, 국어 사전에서 그 의미를 찾아 소개하거나, 한자 또는 영어 역본에서 채택한 단어의 의미를 논하는 데 그치곤 한다. 심지어 인터넷 검색을 통해 얻은 내용을 철썩같이 믿고 설교에 사용하기도 한다. 아무리 인공지능이 모든 물음에 답을 주는 시대라고 할지라도, 그 답이 정말 맞는지, 얼마나 정확한지를 검증할 능력이 없다면 결국 그 모든 것은 무용지물일 뿐이다.

단어, 살아있는 생물

단어의 의미는 여러 겹으로 이루어져 있다. 한 단어가 여러 세대에 걸쳐 여러 지역에서 사용되면서 본래 가졌던 의미에 여러 뉘앙스가 더해진다. 심지어 상당히 이질적인 의미가 더해지기도 한다. 성경에 나오는 단어들 대다수도 마찬가지다. 하나의 그리스어 단어에 하나의 우리말 뜻을 대응시킬 수 있다는 환상은 애초부터 버려야 한다. 설사 권위있고 전문적인 학술 자료를 통해서 한 단어가 특정 성경 본문에서 어떤 의미인지를 정확히 알아냈다 하더라도 그것으로 단어 연구가 끝나서는 안 된다. 특정 단어의 기원과 그 단어의 의미에 가해진 변화, 확장, 축소의 궤적을 속속들이 아는 것과, 최종 결과물로서 성경 본문에 나타난 단어의 의미를 아는 것은 완전히 다른 이야기다. 성경의 단어를 깊이 알수록 묵상과 설교의 깊이도 더해진다.

이 책에서 다룬 단어들은 신앙생활을 하며 자주 듣는 단어들이다. 그만큼 중요한 단어들이라 할 수 있다. 어떤 단어에 대해서는 설교나 대중적인 전달 과정을 통해 형성된 오해나 선입견을 바로잡는 데 중점을 두었다. 또 어떤 단어의 경우, 그 안에 담긴 심오한 의미를 부각시키려 노력했다. 그러한 노력과 애씀이 이 책을 읽는 모든 독자들에게 유익을 가져다 주기를 바란다.

1장_사랑

사랑은 기독교 정신의 핵심이며 요체이다. 그것은 하나님에게서 기원한다는 면에서 신적 속성에 속하며, 동시에 하나님을 믿는 사람에게 요구된다는 면에서 인간적 속성에 속하기도 한다. 사랑은 속성일 뿐 아니라 또한 구체적 행동이며 윤리적 이상(理想)이다.

성경과 기독교 신학에서 '사랑'을 표현하는 어휘는 다양하다. 히브리어, 그리스어, 라틴어로 표현된 사랑의 유의어, 동의어 개념들을 엄밀하게 정의하고 구분하는 것은 쉽지 않다. 설사 그것이 가능하더라도 그 단어들을 한국어로 번역하는 순간, 원어에 담긴 개념을 적확하게 표현하거나 이해하는 일은 우리 능력 밖으로 벗어난다. 그럼에도 불구하고 성경과 기독교 전통에서 '사랑'이 본래 무엇을 의미했는지를 밝히려는 시도는 필요하다. '사랑'이 중요한 만큼 그것에 대한 속설과 오해도 많기 때문이다.

네 가지 사랑

"그리스어로 사랑은 네 종류가 있다"는 속설을 들어본 적이 있을 것이다. **에로스**(ἔρως), **필리아**(φιλία), **스토르게**(στοργή), 그리고 **아가페**(ἀγάπη). 이 속설에 따르면 네 단어는 각기 독특한 사랑을 표현하는데, 구분의 일차적 기준은 사랑의 주체와 대상이다. **에로스**는 남녀 간의 사랑, **필리아**는 친구 간의 사랑, **스토르게**는 부모자식 간의 사랑, 그리고 **아가페**는 하나님의 사랑을 지칭한다는 것이다.

이 주장을 '속설'이라고 보는 이유는 몇 가지가 있다.

첫째, 일반적으로 말해서 고대 그리스어뿐 아니라, 다른 대부분의 언어에서 '사랑'처럼 추상적 개념을 표현하는 어휘들의 경우 그렇게 한두 가지 단순한 기준으로 구분되지 않는다. 어원을 살피고 용례를 분석해 보면 네 단어의 의미 차이는 모호하거나 미미하며, 종종 동의어처럼 사용되기도 한다.

둘째, 언어의 의미는 본질적으로 변하기 때문에 네 단어의 의미 역시 시대와 장소에 따라 고정되지 않고 달라졌다. 어떤 단어의 의미는 엄밀히 말해서, 특정 시대, 특정 지역, 특정 저자의 저술에 한해서 그렇다. 우리는 고대 그리스 문화 자체에 접근할 수 없다. 오로지 우리에게 남겨진 문헌들과 고고학적 증거들에 의존해서 부분적인 그림만을 볼 수 있을 뿐이다. 우리가 가진 제한된 자료에 근거해서 너무 많은 말을 하지 않도록 주의해야 한다.

셋째, 사랑을 네 개의 단어로 나누어 이해하려는 시도는 순수한 학문적 탐구의 결과라기보다 교리를 정당화하려는 목적으로 급조되거나 왜곡되었다. 이런 시도는 아가페를 하나님의 사랑과 동일시하고 다른 세 가지보다 더 높은 범주에 둠으로써, 하나님의 사랑의 성격과 내용을 쉽게 이해시키려고 한다. 물론 그런 의도 자체가 나쁜 것은 아니다. 하지만 하나님의 사랑은 단어 하나로 모두 파악될 수 없다. 그렇기 때문에 쉽게 기독교적 사랑을 정의하고 이해하려는 태도는 오히려 무지와 오해와 오류를 부추기는 결과를 가져온다. 아울러 다른 세 종류의 사랑은 하나님의 사랑과 아무런 관계가 없을 것이라는 오해, 따라서 불필요하다거나 본질적으로 악하다는 편견을 심어줄 위험도 있다.

이 속설을 누가 처음으로 주장했는지는 명확하지 않지만

아마 다음 두 신학자들과 모종의 관련이 있을 것이다.[1] 20세기 초 미국의 장로교 신학자 벤자민 워필드(B. W. Warfield)는 네 가지 '사랑' 용어에 대한 문헌학적(philological) 탐구를 시도했다. 그는 먼저 고전 그리스 문헌에서 사랑을 가리키는 네 단어의 용례를 살피면서 각 단어가 가졌던 의미의 폭과 깊이를 가늠했다. 그는 네 단어가 칠십인역 구약성경과 신약성경, 사도교부 문헌을 거치면서 빈도와 의미에 있어서 급격한 변화를 겪었음을 관찰했다. 그 변화는 현대 그리스어에까지 이어졌다. 따라서 워필드는 칠십인역과 신약성경이 기록된 시기이야말로 '사랑'을 표현하는 어휘들의 변화를 단번에 가져온 특별한 시기였다고 봤다.

다른 한편으로, 20세기 중반 옥스퍼드 대학교의 영문학자이자 기독교 변증가였던 C. S. 루이스(Lewis)는 BBC에서 강연했던 내용을 갈무리하여, 1960년에 『네 가지 사랑』이라는 제목의 소책자를 발간했다. 루이스의 접근은 문헌학적이라기보다는 철학적이었다. 그도 워필드처럼 네 가지 그리스어 단어

---

[1] B. W. Warfield, "The Terminology of Love in the New Testament", *The Princeton Theological Review* 5.16 (1918), 1-45, 153-203, 511; C. S. Lewis, *The Four Loves* (London: Jeoffrey Bles 1960). 루이스의 책은 우리말로 번역되어 있다. C. S. 루이스, 『네 가지 사랑』, 이종태 역 (서울: 홍성사, 2005).

에 서려 있는 그리스적 관념을 언급하며 논의를 시작했다. 하지만 정작 개별 그리스 철학자들과 그들의 저술에 대한 접촉은 거의 이루어지지 않았다. 루이스는 20세기 유럽의 문화적 정황에서 네 가지 사랑 개념의 외연을 탐색했다. 따라서 루이스의 의도를 이해하려면 **스토르게, 필리아, 에로스, 아가페**라는 그리스어 어휘에 천착하기보다는, 애정(affection), 우정(friendship), 에로스(eros), 그리고 자비(charity)라고 명명한 영어 단어들의 의미와 쓰임을 바탕으로 이해하는 편이 더 낫다. 앞의 세 가지, 즉 애정, 우정, 에로스 간에 위계는 분명하지 않다. 하지만 마지막에 등장하는 자비는 분명 가장 높은 등급의 사랑이며 앞의 세 가지를 틀짓는 지배적 가치를 지닌다. 그렇다고 루이스가 앞의 세 가지 사랑을 악하다거나 불완전하다고 치부한 것은 아니다. 그는 오히려 각각이 지닌 독특한 가치와 역할을 적절히 부각시켰다. 루이스의 말을 듣고 나면 다음과 같은 점이 분명해진다. 애정, 우정, 에로스야말로 인간을 인간답게 하는 소중하고 아름다운 사랑이다. 그리고 그 세 가지가 자비에 의해 올바르게 자리잡음으로써 비로소 사랑은 온전해진다.

워필드나 루이스, 혹은 어떤 다른 학자도 그리스어로 표현된 사랑에 관한 논의에 종지부를 찍는 표준적인 대답을 제시하지는 못했다. 사실 두 사람의 논의나 다른 학문적 자료 어디에도 "사랑에는 네 종류가 있다"는 식의 단순한 구분은 발견되지 않는다. 그리스어로 표현된 대부분의 신학과 신앙 용어가 그렇듯이, 사랑 역시 지나친 단순화와 체계화를 피해야 한다. 복잡하고 미묘한 실체는 복잡하고 미묘한 대로 이해하고 설명하는 것이 가장 정확하다. 이제 우리는 사랑을 표현하는 데 가장 빈번하게 사용되는 세 가지 단어 곧, **필리아**와 **에로스**와 **아가페**를 살펴볼 것이다. 명사 **스토르게**(στοργή)와 동사 **스테르고**(στέργω)의 경우, 비기독교적 그리스 문헌에서조차 드물게 나타날 뿐 아니라, 신구약성경에서는 단 한 차례도 나오지 않기 때문에 굳이 논의에 포함시키지 않아도 될 것이다.

필리아

고대 그리스 사람들, 그리고 그리스어를 사용했던 지중해 문화권에 속한 많은 사람들에게 사랑을 뜻하는 가장 일반적인 단어는 **필리아**(φιλία)였다. 본래 **필로스**(φίλος), 즉 "사랑스러운", "사랑받는"을 뜻하는 형용사로부터, 동사 **필레오**(φιλέω)와 명사 **필리아**(φιλία)가 파생된 것으로 보인다. 고전 그리스 문헌에서 필리아는 인격체(사람이나 신)부터 구체적 물질이나 활동(포도주, 음악, 자연 등), 그리고 추상적 이념(국가, 정의 등)에 이르기까지 여러 대상을 아울렀다. 사람의 경우 단지 친구만이 아니라 애인, 가족 등 다양한 관계가 **필리아**의 대상이 될 수 있었다. 역사 서술이나 포고문 같은 공적인 문서에서 필리아가 언급되는 경우, 두 나라 사이에 맺어지는 동맹관계를 의미하기도 했다. 당시 친밀한 관계의 사람들은 입을 맞춤으로 인사를 했는데, 이러한 배경에서 **필리아**는 입맞춤이라는 의미를 갖기도 했다. 또한 그러한 의미만을 갖는 또 다른 명사 **필레마**(φιλήμα)도 생겨났다. 이런 상황은 알렉산드리아의 필론이나 요세푸스 같은 헬레니즘 시대 유대인들의 저술에서도 크게 다르지 않다. 한 가지 눈에 띄는 것은 필론의 글에서 하나님과 인간의 친밀한 관계를 묘사한 몇몇 문맥 가운데 이 단어가 사용되었다는 사실이다. 예를 들어, 지혜로운 이들은 하나님께 "사랑받는"(φίλοι) 자들이고, 모세는 "하나님의 친구"(φίλον τοῦ θεοῦ)로 묘사되었다.

필리아와 동계어들이 신구약성경에 나타나는 빈도는 들쭉날쭉하다. 먼저 칠십인역 구약성경의 경우, 형용사 **필로스**가 180회 정도 사용되었다. 이 형용사는 대부분 친구, 이웃, 동지 등의 관계를 나타내는 데 사용되었다. 반면 동사 **필레오**의 경우 총 30회 정도로 매우 드물게 나타난다. 다른 그리스 문헌과 비교할 때, 필레오의 빈도수가 이 정도로 줄어든 이유는 칠십인역 전반에 걸쳐 히브리어 **아하브**("사랑하다")를 거의 항상 **필레**

오가 아닌 **아가파오**로 번역했기 때문이다.

한편, 신약성경에서 동사 **필레오**는 총 25회 나타난다. 칠십인역 구약성경에서 발생한 경향이 상당 부분 이어진다. 즉, 신약성경 저자들은 "사랑하다"라는 의미를 전달할 때 **필레오**보다는 **아가파오**를 훨씬 더 많이 썼다.

필레오가 사용된 25회의 용례마다 그 쓰임이 다채롭다. 이를테면, 마태복음 6장 5절을 보자. "또 너희는 기도할 때에 외식하는 자와 같이 하지 말라 그들은 사람에게 보이려고 회당과 큰 거리 어귀에 서서 기도하기를 좋아하느니라" 위선자들은 남들에게 보이려고 회당과 큰 거리에 서서 기도하기를 **필레오**한다. 또한 마태복음 10장 37절에서 예수님은 이렇게 말씀하신다. "아버지나 어머니를 나보다 더 **필레오**하는 자는 내게 합당하지 아니하고…." 요한복음을 보면, 하나님이 아들 예수님을 **필레오**한다는 말씀(요 5:20), 그리고 하나님께서 신자들을 **필레오**한다는 말씀(요 16:27)이 나오기도 한다. 요한계시록에도 하나님께서 당신이 **필레오**하는 이들을 책망하시며 징계하신다는 말씀이 나온다(계 3:19). 바울의 경우, **필레오**를 신자들이 하나님께 드리는 사랑에 적용하기도 했다(고전 16:22).

형용사 **필로스**나 명사 **필리아**는 어떨까? **필리아**는 신약성경에 딱 한 차례만 나온다.

누구든지 세상과 벗이 되고자(필리아) 하는 자는 스스로 하나님과 원수되는 것이다(약 4:4).

반면, 누군가에게 친구가 된다는 개념은 형용사 **필로스**로도 여러 차례 표현되었다. 무엇보다 하나님 혹은 예수님의 친구가 된다는 개념을 표현할 때 **필로스**가 사용되었다(눅 12:4; 요 15:14-15; 약 2:23). **필로스**는 종종 다른 단어와 결합하여 무언가를 좋아하고 추종하는 모습을 표현하기도 한다. 예를 들어, 형제사랑(φιλαδελφία, 롬 12:10; 살전 4:9; 히 13:1; 벧전 1:22; 벧후 1:7) 혹은 돈을 사랑하는 모습을 가리킬 때 사용되었다(φιλαργυρία, 딤전 6:10; 눅 16:14; 딤후 3:2).

정리해보면, 일반 그리스 문헌은 말할 것도 없고 신구약성경에서도 **필리아**와 그 동계어들은 우정이나 친구간의 수평적인 사랑 같은 의미로 축소되지 않는다. 다양한 관계 안에서 사람들이 서로를 사랑하는 것, 물건이나 무형의 어떤 것을 사랑하는 것, 하나님께서 인간을 사랑하시는 것, 인간이 하나님을 사랑하는 것 모두 **필레오**로 표현될 수 있다. 루이스는 이것을 affection이라는 영어로 번역했는데, 우리말로는 애틋하고 편안하고 친밀한 느낌 같은 것이다.

에로스

고대 그리스 문필가들에게 에로스(ἔρως), 그리고 동사 에라오(ἐράω)는 그 저변에 무언가를 향한 열정이라는 의미를 지녔다. 따라서 진정으로 누군가를 사랑한다면 에로스가 개입되는 것이 자연스러웠다. 예를 들어, 아리스토텔레스는 『수사학』에서 사람들이 말하거나 글을 쓰거나 혹은 연기하는 일을 사랑할 때, 그 활동들은 그것을 사랑하는 사람에게 언제나 기쁨을 가져다준다고 썼다. 즉, 에로스는 사랑할 때 동반되는 감정적인 차원을 포착한다. 사랑의 대상이 누구든, 사랑의 강도가 강할수록 거기에는 에로스가 동반될 가능성이 커진다.

에로스(에라오)를 어떤 관계에 적용할 것인지를 두고 그리스 저술가들은 다양한 견해를 펼쳤다. 이를테면, 크세노폰은 형제 간에, 부모 자식 간에 서로 에라오할 수 없다고 말한 반면, 에우리피데스는 자녀가 어머니를 사랑하는 것을 두고 에라오 동사를 사용했다. 플루타르코스에게 있어서 에라오는 필레오보다 더 높은 수준의 사랑이었다. 그는 자애롭고 온순한 왕은 백성들로부터 필레오받는 것이 아니라, 에라오받을 것이라고 말했다. 플라톤의 『향연』에서 에라오는 가장 순수한 형태의 사랑으로 제시된다. 철학자가 궁극적 진리를 갈망하고 추구하는 열정이 바로 에라오다.

플라톤의 철학적 세계관과 언어를 포용하여 성경의 하나님을 묘사한 알렉산드리아의 필론에게 있어서 "천상의 에로스"(ἔρως οὐράνιος)는 우리를 하나님께로 이끌며 모든 덕을 완전하게 만드는 사랑이다. 필론을 포함하여 그리스 철학의 영향권 아래 있었던 초기 교부들 역시 에로스를, 그리스도인이 하나님을 향해 품는 열정적이고 진심어린 사랑을 표현하는 데 사용했다. 2세기 사도교부 이그나티오스는 로마인들에게 쓴 편지에서 그리스도를 가리켜 에로스라고 표현하면서, "나의 에로스가 십자가에 못 박히셨다"라고 썼다. 또 다른 2세기 교부 알렉산드리아의 클레멘스는 예수 그리스도를 "사랑하는 자"(ὁ ἐραστός)라고 부르기도 했다.

로맨틱한 사랑, 성적인 욕망과 연관된 열정을 표현할 때 에로스와 그 동계어들이 자주 사용된 것도 사실이다. 하지만 사랑을 표현하는 다른 단어들과(필리아[φιλία], 아가페[ἀγάπη]) 마찬가지로, 에로스 역시 좁은 의미의 방 안에 가둘 수 없는 단어이다. 에로스가 다른 단어들보다 더 자주 육체적이고 감정적인 사랑을 표현하는 데 사용되었다고 하더라도, 그 단어 자체에 어떤 의미가 내재해 있었다기보다는 문맥과 정황에 따라 굉장히 다채롭고 넓은 뜻을 표현할 수 있었다고 봐야 한다. 열정이다 나쁜 것이 아니듯, **에로스**가 항상 추하고 이기적이고 육체적인 사랑만을 가리킨 것은 아니다. 그리스어 어휘의 쓰임을 충분히 공부한 사람이라면(교부들이 그러했듯이) 하나님을 향한 불타는 사랑을 고백하고, 노래하고, 그 사랑에 사로잡혀 선교와 전도에 매진하는 이들을 두고 거룩한 **에로스**에 빠져 있다고 말하는 데 아무런 문제를 느끼지 않을 것이다.

그렇지만 **에로스**는 신구약성경에 거의 나오지 않는다. 신약성경에는 그 동계어 중 어느 것도 나오지 않는다. 그렇다고 해서 성경의 저자들이 **에로스**를 몰랐거나 무관심했던 것은 아니다. 그들은 다소 추상적이고 포괄적인 **에로스** 대신 구체적이고 개별적인 악덕이나 악행을 지적하면서 다양한 어휘를 사용하는 것을 선호한 것 같다. 예를 들어, 그들은 성적 욕망이 부정적으로 발현되는 상태를 표현하고자 할 때 **에피튀미아**(ἐπιθυμία)나 **아셀게이아**(ἀσέλγεια)와 같은 단어들을 자주 사용했다.

아가페

아가페(ἀγάπη)의 어원은 불분명하다. '만족함' 혹은 '소중함'이라는 뜻에서 나왔다고 추측하기도 하지만 확실한 근거는 없다. 기본 의미는 사물이나 추상적 개념을 대상으로 한 사랑이나, 사람을 대상으로 한 사랑을 가리킨다. 형용사(ἀγαπητός)는 종종 어린이들, 특히 하나밖에 없는 자식에게 적용되었다. 동사 아가파오(ἀγαπάω)의 경우 신들이 누군가를 사랑한다는 의미를 가리킬 때 나타났고, 간혹 남녀 간의 성적 관계나 행동을 묘사하는 데 사용되기도 했다. 단, 명사 아가페는 고전 그리스어 문헌에 거의 나타나지 않으며 헬레니즘 시대 후기부터 등장하기 시작했다. 실제로, 신구약성경이 명사 아가페를 신학 및 철학적 서술의 중심에 놓은 첫 번째 문헌이라고 말할 수 있다.

칠십인역 구약성경에서 동사 아가파오는 약 250회 등장하는데, 그 중 대부분이 히브리어 동사 아하브("사랑하다")를 번역한 경우다. 히브리어 명사 아하바("사랑")는 언제나 그리스어 아가페로 옮겨졌는데, 이는 형용사의 경우도 마찬가지였다. 칠십인역 번역자들은 왜 "사랑하다"의 번역어로 그리스인들에게 더 친숙한 필레오 대신 아가파오를 사용했을까? 상대적으로 아가파오가 육체적, 감정적 성격이 덜한 사랑을 표현하기 때문이었을까? 아니면 헬레니즘 시대에 들어서서 필레오 단어가 전반적으로 인기가 떨어졌기 때문이었을까? 어떤 견해도 확실하지 않다. 또한 어떤 이들은 그리스어 아가페와 히브리어 아하바 사이에 존재하는 발음의 유사성을 원인으로 꼽기도 한다.

어쨌든 구약성경에서 부부 간의 사랑, 가족 간의 사랑, 친구 간의 사랑을 표현하는 경우 거의 항상 **아가페**와 그 동계어들을 사용했다. "네 이웃을 네 자신처럼 사랑하라"(레 19:18)와 같은 신적 명령뿐만 아니라 남녀 간의 로맨틱한 관계 혹은 성적인 행동을 표현할 때도 **아가파오**를 썼다. 한편, 구약성경 저자들은 하나님께서 인간을 향해 품는 감정이나 행동을 '사랑'이라고 표현하는 데 있어서 조심스러웠다. 실제로 오경과 역사서 등 구약성경 전반부를 보면, 하나님께서 피조세계와 언약 백성 이스라엘을 대하시는 방식은 은혜, 구원, 자비, 언약적 신실성과 같은 단어들로 표현된다. 그나마 예언자들이 좀 더 대담하고 직접적으로 이스라엘을 향한 하나님의 사랑을 묘사했다. 예를 들어, 호세아는 이렇게 말한다: "이스라엘이 … 어렸을 때에 내가 사랑하여 내 아들을 애굽에서 불러냈거늘 … 내가 사람의 줄 곧 사랑의 줄로 그들을 이끌었고…"(호 11:1-4). 예레미야는 하나님이 이스라엘과 언약을 맺은 사건을 "신혼 때의 사랑"(렘 2:2)에 비유했고, 이사야도 "네가 내 눈에 보배롭고 존귀하며 내가 너를 사랑하였다"(사 43:4)라고 표현했다.

구약성경이 사랑에 관해 말할 때 **아가페**와 그 동계어들을 **필리아**나 다른 단어들보다 더 선호했다고 해서, 거기에 본질적으로 어떤 신적인 의미가 깃들어 있다고 속단하기는 어렵다. **아가페**나 **아가파오**가 쓰인 문장이라고 해서 그것의 주체가 항상 하나님인 것도 아니기 때문이다. 더욱이, 그 의미는 이타적이고 희생적이고 순수한 사랑에 한정되지도 않는다. 예를 들어, 삼손이 들릴라를 향해서(삿 16:4), 사울이 다윗을 향해서(왕상 5:1), 솔로몬이 그의 수많은 이방인 아내들을 향해서(왕상 11:2) 품었던 마음은 모두 아가파오로 표현되어 있다. 헛된 것에 마음을 두고(시 4:2), 사악한 자가 불의, 악, 저주를 사랑하며(시 11:5; 52:3-5), 돈과 부를 좇는 마음(전 5:10)도 모두 아가페로 불린다. 이처럼 구약성경에는 신적이고 거룩한 사랑을 나타내는 용례만큼이나 그 반대의 용례, 즉 사악하고 헛되며 불순한 사랑을 표현할 때, 아가페와 그 동계어들을 사용하는 경우가 많다.

아가페와 그 동계어들의 쓰임에 있어 신약성경은 칠십인역 구약성경의 흐름을 그대로 따른다. 하나님께서 세상을 사랑하셔서 독생자 예수 그리스도를 내주신 행동이 바로 아가파오다.

> 하나님이 세상을 이처럼 사랑하사(아가파오) 독생자를 주셨으니 이는 그를 믿는 자마다 멸망하지 않고 영생을 얻게 하려 하심이라 (요 3:16)

동계어 전체로 볼 때는 총 320회 정도 사용되었고, 특히 요한일서와 요한복음 그리고 에베소서에 상대적으로 많이 나타난다. 명사 **아가페**의 경우 하나님의 사랑을 지칭하는 전용 어휘처럼 사용되며, 그 사랑에 대한 응답으로서 하나님을 향한 신자의 사랑과 이웃을 자기 자신처럼 사랑하는 기독교적 사랑을 나타낼 때 사용된다. 즉, **아가페**를 빼 놓고 하나님의 구원 행위를 설명할 수는 없다.

하나님은 **아가페**이시다(요일 4:10). 하나님은 우리를 사랑하셔서 창세 이전부터 우리를 택하셨다(엡 5:22-33). 하나님은 우리를 사랑하셔서 우리의 죄를 용서하셨고 우리를 죽음에서 건져 내셨다(롬 5:8; 8:35-39). 예수 그리스도는 단지 하나님의 사랑의 수단이 아니다. 예수 그리스도는 우리를 사랑하셔서 자신을 희생하셨고(갈 2:20; 엡 5:2), 사랑이 가장 큰 계명이라고 말씀하심으로써 구약성경 전체를 요약하셨다(막 12:28-31). 바울은 그리스도인의 인격과 삶의 요체를 사랑이라고 요약했다(고전 13장).

이 모든 서술에서 아가페와 그 동계어들이 사용되었다. 신약성경 저자들과 원독자들은 칠십인역 구약성경의 어휘와 문장에 익숙했을 뿐 아니라, 칠십인역의 어휘를 사용하여 예수 그리스도와 그분으로 인해 일어난 구원 사건을 설명했다. 그렇기에 세상을 구원하시는 하나님의 사랑을 표현하는 데 있어서 **아가페**는 가장 적절한 단어였다.

반면, 구약성경에서와 마찬가지로 신약성경에서도 **아가페**

의 동사형인 **아가파오**가 언제나 하나님의 사랑을 가리키는 용도로만 사용되는 것은 아니라는 사실을 기억해야 한다. 이를테면, 바리새인들은 회당에서 높은 자리에 앉는 것을 "좋아한다"(눅 11:43). 빛이 세상에 왔지만 사람들은 빛보다 어두움을 더 "사랑[한다]"(요 3:19), 그들은 하나님의 영광보다 사람의 영광을 더 "사랑[한다]"(요 12:43). 바울의 동역자 데마는 세상을 "사랑하여" 바울을 버리고 떠났다(딤후 4:10). 요한은 그의 첫 번째 편지에서 이 세상이나 세상에 있는 것들을 "사랑하지 말라"고 강하게 권면한다(요일 2:15). 이처럼 동사 **아가파오**는 서로 상반된 성격의 사랑을 모두 표현한다. 명사 **아가페**의 경우 **아가파오**처럼 부정적인 맥락에서 사용된 용례가 신약성경에 나오지 않는다. 하지만 그럼에도 불구하고 동사와 명사는 어차피 어원적으로 같기 때문에, 아가페 자체에 거룩한 사랑이라는 의미가 내재되어 있다고 말하기는 여전히 어렵다.

종합하면, '사랑'이 성경신학의 중심 개념임은 분명하다. 그것은 서사와 시, 찬송과 잠언, 명령과 율법, 그리고 논증과 환상을 통해 묘사되고 설명된다. 창조주이시며 구원자이신 하나님의 성품과 행동을 묘사하기 위해 성경의 저자들은 고대 그리스 문화권에서 사용되어 왔던 **아가파오** 동사를 활용했다. 또한 거의 사용된 적이 없는 그 단어의 명사형 **아가페**도 적극적으로 사용했다. 다만, 성경적 '사랑', 하나님에게 속하고 하나님께서 베풀어 주신 사랑의 성격과 내용을 아는 것이 중요하지, 그 사랑이 반드시 특정 단어에 담겨서 표현되어야 한다고 생각할 필요는 없다. 무엇보다도 그런 주장은 실제 성경의 용례들에 비추어 볼 때, 결코 정당화될 수 없다.

요한복음 21장 15-17절

[15] 그들이 조반 먹은 후에 예수께서 시몬 베드로에게 이르시되 요한의 아들 시몬아 네가 이 사람들보다 나를 더 사랑하느냐 하시니 이르되 주님 그러하나이다 내가 주님을 사랑하는 줄 주님께서 아시나이다 이르시되 내 어린양을 먹이라 하시고 [16] 또 두 번째 이르시되 요한의 아들 시몬아 네가 나를 사랑하느냐 하시니 이르되 주님 그러하나이다 내가 주님을 사랑하는 줄 주님께서 아시나이다 이르시되 내 양을 치라 하시고 [17] 세 번째 이르시되 요한의 아들 시몬아 네가 나를 사랑하느냐 하시니 주께서 세 번째 네가 나를 사랑하느냐 하시므로 베드로가 근심하여 이르되 주님 모든 것을 아시오매 내가 주님을 사랑하는 줄을 주님께서 아시나이다 예수께서 이르시되 내 양을 먹이라

(요 21:15-17)

요한복음 21장 15-17절은 설교자들이 "사랑"에 대한 서로 다른 개념을 논할 때 빠지지 않는 본문이다. 여기에 부활하신 예수님과 베드로 사이에 오간 세 번의 문답이 나온다.

처음에 두 차례에 걸쳐 예수님은 베드로에게 "네가 나를 아가파오하느냐?"라고 물으시고, 이에 베드로는 "필레오한다"라고 대답한다. 그리고 세 번째에는 예수님께서 "네가 나를 필레오하느냐?"라고 물으시는데, 이에 베드로는 여전히 "필레오한다"라고 답한다.

사실 거의 대부분의 학술적 주석들은, 적어도 이 단락에서만큼은 **아가파오**와 **필레오** 사이에 차이가 없다고 설명한다. 즉, 예수님은 베드로에게 동일한 질문을 세 차례 던지셨고, 베드로는 그 세 번의 질문에 모두 긍정으로 대답한 것이다. 이와 같이 해석하면 본문의 신학적 의미가 명확해진다. 반면에, **아가파오**를 **필레오**와 질적으로 다른 어떤 것이라고 가정하게 되면 불필요하고 부정확한 고답적 논의에 빠지기 십상이다. 우리가 살펴본 두 단어의 성경 외적, 내적 용례들에 비추어 보더라도, 상호 교환적으로 쓰인다고 이해하는 것이 옳다.

2장_구속

한국 교회에서 예전용 성경으로 널리 사용되는 『개역개정』에는 젊은 세대에게 다소 낯선 우리말 단어들이 더러 포함되어 있다. 그중 기독교의 핵심 교리를 담고 있는 단어가 하나 있는데, 바로 "구속"(救贖)이라는 단어다(속량[贖良]이라는 단어 역시 낯설다). 『개역개정』에서 우리말 "구속"은 구약성경에 100회 이상 나타나고 신약성경에는 16회 나온다. 신약성경의 안에서 "구속"은 기독교 구원론의 핵심을 표현하는 데 쓰인다. 많은 단어들이 그러하듯이, 구속이라는 단어 역시 어떤 특수한 의미를 띠다가 세월이 흐르면서 그 의미는 사라지고 다르게 발전한 의미로 굳어졌다. 그렇기 때문에 본래의 의미에 집착하면서 모든 용례에 그 의미를 기계적으로 적용하지 말아야 한다. 반면, 후대에 변해버린 의미로 번역하더라도 본래의 구체적이고 특수한 의미를 염두에 두면서 뉘앙스를 읽어낼 수 있어야 한다.

그리스 사회에서의 구속

"구속"으로 번역된 그리스어 단어의 기본 어근은 **뤼트론**(λύτρον)이다. 이 단어는 동사 **뤼오**(λύω, "풀다", "해방하다")에서 파생된 것으로 보인다. 접미사 "**-트론**"(-τρον)은 종종 행위를 달성하는 수단, 즉 '대가'나 '지불금'을 의미하기에, **뤼트론**은 해방이 이루어지는 수단, 곧 "몸값"을 가리킨다. 뤼트론의 동계어로는 **뤼트로오**(λυτρόω, "구속하다"), **뤼트로시스**(λύτρωσις, "구속[의 행위 또는 결과]"), **뤼트로테스**(λυτρωτής, "구속자")와 같은 단어들이 있다. 또한 **뤼트론** 앞에 **아포**(ἀπό)나 **안티**(ἀντί)같은 말이 붙어서 강조와 같은 의미가 더해지기도 한다("완전히 구속하다", "대속하다"). 고전 그리스 시대에 **뤼트론**은 거의 항상 복수형(**뤼트라**)으로 사용되어 "몸값"을 의미했다. 즉, 주로 노예나 포로를 해방하기 위해 지불하는 돈을 가리켰으며, 신학적·제의적 맥락에서는 거의 사용되지 않았다.

이스라엘의 사회에서의 구속

뤼트론은 구약성경 칠십인역에서 대개 두 히브리어 단어에 대한 번역어로 등장한다. 두 히브리어 단어는 **가알**과 **파다**이며, 서로 간에 의미 영역이 겹친다. 두 단어 모두 "구속하다", "속량하다", "몸값을 지불하다"라는 의미를 가지며, 여기에는 이스라엘의 특수한 역사적, 사회적, 제의적 정황을 반영되어 있다.

첫째, 이 단어들은 피해를 입거나 곤경에 빠진 친족을 보호하기 위한 율법과 관련된다. 살해를 당한 희생자를 위해 피의 복수를 하거나(민 35:19-27; 수 20:3, 5), 팔린 가족 소유지를 되사는 일(레 25:25; 렘 32:7), 심지어 경제적 어려움으로 인해 자신을 팔아넘긴 사람들을 위해 그 몸값을 지불하고 건져내오는 일(레 25:28-54)이 바로 '구속'의 범주에 드는 일이었다. 또한 룻의 경우처럼 남편을 일찍 잃은 과부와 결혼하여 그녀의 생계를 책임지고 대를 이어가는 일 역시 '구속'의 행위에 해당되었다(룻 3:13; 4:6). 이런 행위들을 '기업을 무른다'라고 표현하기도 했다. 그리고 기업을 무를 자격이 있는 가까운 친족을 가리켜 히브리어로 **고엘**이라고 불렀다.

고엘이 구속을 수행하려면 두 가지 차원에서의 일이 필요

했다. 하나는 마음의 차원이었고, 다른 하나는 물질의 차원이었다. 둘 중에 먼저 마음이 일어나야 했다. 구속하느냐 마느냐는 전적으로 **고엘**의 선택에 달린 일이었다. 다시 말해, 구속의 첫 단계는 **고엘**이 구속받을 대상에 관심을 가지고 그 대상의 생명과 평안을 자신이 책임지겠다는 의지를 피력하는 것이었다. 구약성경에 등장하는 다른 개념으로 표현하면, 그것은 언약적 신실성 혹은 자비라고 할 수 있다. 일단 구속하고자 하는 마음을 품고 나면 **고엘**은 일정한 비용, 즉 몸값을 지불해야 했다.

둘째, 구약성경 저자들은 이스라엘 정체성의 토대인 시내산 언약과, 그 언약을 가능하게 했던 출애굽이라는 구원 행위를 가리켜 "구속"(행위)이라고 묘사했다. **고엘**이신 하나님께서 이스라엘을 이집트의 속박으로부터 풀어 주신 것이다. 그 과정에서 하나님의 백성 이스라엘을 붙잡고 놓아주지 않았던 이집트인들에게 하나님은 열 가지 재앙을 내리셨다. 그중 마지막 열번 째 재앙이 가장 엄중했는데, 그것은 바로 가축과 아들 중 '처음 난 것'을 모두 죽이는 재앙이었다. 하지만 이집트인들과 함께 살아가던 이스라엘의 처음 난 것들은 죽임을 당하지 않았다. 죽음의 사자가 양의 피를 바른 이스라엘 사람들의 집들을 '넘어 간'(pass over) 것이다. 이 일은 하나님께서 베푸신 구원의 원형적(archetype) 사건이다. 그러한 까닭에 이스라엘 사람들의 역사 속에서 두고두고 기억되고 기념되었다.

기념의 방식은 '유월절'이라는 절기로 구체화되었다. 그에 더해 한두 가지 율법이 그 원초적 구속 사건을 재연(再演)하기 위해 제정되었다. 먼저, 출애굽 이후 이스라엘 중에서 태어난 가축의 처음 난 것과 첫 아들을 "구속"하라는 명령이 주어졌다(출 13:11-16). 이 명령은 첫 유월절 저녁에 하나님께서 취하셨던 이집트의 모든 처음 난 것들처럼, 이스라엘의 처음 난 것들 역시 모두 다 하나님의 것이라는 전제를 담고 있다. 따라서 처음 난 가축과 아들의 생명을 보존하려면 일정한 '몸값'을 지불해야 했다(출애굽기 13:13에 의하면, 나귀의 경우 어린양으로 대속해야 했다. 또한 민수기 18:15-16에 따르면, 사람의 경우 다섯 세겔을 지불해야 했다).

또 다른 율법은 스무 살 이상된 모든 이스라엘 남자가 반 세겔을 납부해야 하는 의무를 규정한다(출 30:12-15). 실용적 차원에서 보면, 이것은 회막과 관련된 비용을 충당하기 위한 조치였다. 보다 근본적인 차원에서 보면, 이스라엘 자손은 반 세겔을 드림으로써 자신의 생명을 대속할 수 있었기 때문에 이 돈을 "생명의 속전(贖錢)"이라고 불렀다. 처음 난 것을 구속하고, 모든 이스라엘 남자의 생명을 구속하는 "속전"은 본래 이집트의 속박에 매여 있던 이스라엘을 구속하신 하나님의 행위에 대한 (작은) 되갚음을 가리킨다. 이는 또한 이스라엘이 더 이상 파라오의 종이 아니라 야웨 하나님의 종이라는 고백이기도 하다.

넓은 의미의 구속 = 구원

출애굽이라는 역사적 사건을 하나님의 "구속"이라고 부르기는 했지만, 이 단어는 신명기에서부터 더 이상 물질적인 대가 지불을 포함하지 않고, 일방적으로 이스라엘을 속박으로부터 해방하신 하나님의 구원 행위를 가리키는 의미로 확장되었다(신 7:8; 9:26; 13:5; 21:8; 24:18; 대상 17:21; 느 1:10; 시 74:2; 78:35, 42; 106:10). 이런 일반적인 의미로 "구속"이라는 단어를 사용한 구약의 저자로는 이사야가 있다. 이사야는 남왕국 멸망 후 바벨론에 끌려갔던 유다 백성들을 하나님께서 다시 당신의 백성으로 삼으시고 그들을 고토로 돌아오게 하신 행위를 가리킬 때 히브리어 **가알**을 사용했고, 이는 칠십인역에서 **뤼트론**으로 번역되었다(사 1:27; 35:8-10; 41:14; 43:1, 3, 14, 22-24; 45:3; 51:11; 52:3; 62:12; 63:4, 9).

다른 한편으로, 구약성경에는 이스라엘 민족에 대한 하나님의 구원뿐만 아니라, 신실한 각 개인들에게 베푸신 구원을 가리켜 "구속"이라는 표현을 사용한 용례들도 있다(삼하 4:9;

7:23; 왕상 1:29). 실제로 시편을 보면, 개인적이고 실존적인 "구속"의 의미가 매우 다채롭게 표현된다. 일상 생활에서 개인을 살리고 보호하시는 하나님의 은혜는 물론, 죄를 용서해 주시고 죄의 파괴적 결과로부터 건져주시는 신앙적 차원의 구원을 가리켜 여러 차례 하나님의 "구속" 행위라고 표현한다(시 7:2; 19:14; 26:11; 31:5; 32:7; 34:22; 49:15; 55:18; 59:2; 69:18; 71:23; 72:14; 103:4; 119:134, 154; 130:7-8; 143:10).

이후 오랫동안 외세의 지배와 영향력 아래에 있었던 제2성전기 시대 유대인들에게 "구속"은 정치적 의미의 해방을 의미하게 되었다. 그리고 이런 의미는 디아스포라 유대인들이 쓴 글(솔로몬의 시편 9:1; 12:6)과 팔레스타인 유대인들이 쓴 글(쿰란 문서) 모두에 나타난다. 일부 랍비 문서에는 미래에 나타날 메시아를 가리켜 "구속자"(고엘)라고 부르는 용례도 나온다.

이처럼 구약성경과 유대교 안에서 본래 가졌던 의미, 다시 말해, 특정한 사회적, 경제적 정황 속에서 "몸값"의 지불을 통한 놓임 혹은 본래 질서로의 회복이라는 의미의 "구속"은 점점 그 의미가 옅어졌다. 그리하여 포괄적인 의미의 공동체적 "구원" 또는 "해방"에 가까워지거나 개인에게 베풀어지는 신적 은총을 통칭하는 경향까지 띠게 되었다. 물론 본래 지녔던 재정적, 법적 개념이 완전히 사라지지는 않았다. 하지만 의미의 외연이 넓어지면서 다른 신학적 차원이 더해질 수 있는 여지가 생겼고, 그런 다채로운 변천 현상이 신약성경에도 반영되었다.

대속물이신 예수 그리스도

신약성경에서 **뤼트론**과 그 동계어들은 총 21회 사용되었다. 그런데 정작 "몸값"이라는 의미의 **뤼트론**은 신약성경을 통틀어 두 차례 밖에 나타나지 않는다. 그나마도 두 복음서에 병행하여 나타나기 때문에 사실상 한 차례라고 할 수 있다.

> 인자가 온 것은 섬김을 받으려 함이 아니라 도리어 섬기려 하고 자기 목숨을 많은 사람의 대속물(λύτρον ἀντὶ πολλῶν)로 주려 함이니라 (마 20:28; 참고. 막 10:45)

여기서 **뤼트론**은 곧 예수님 그 자신이다. 이 구절은 예수님의 메시아적 정체성의 요체라고 여겨지며, 자주 이사야 53장의 '고난받는 주의 종'과 연결되어 해석된다. 사실 이사야서에 **뤼트론**이라는 단어 자체는 나오지 않는다. 하지만 '주의 종'이 자신의 목숨을 희생해서 많은 사람들에게 죄 용서와 해방을 제공했다는 의미는 명확하다. 그리스어 **뤼트론**의 어원적 의미에 비추어 본다면, 얽매인 사람들을 자유롭게 놓아주기 위해 메시아가 자신의 목숨을 몸값으로 지불했다는 해석이 충분히 가능하다.

이와 거의 같은 의미가 디모데전서 2:6에도 서술되어 있다.

> 그가 모든 사람을 위하여 자기를 대속물로 주셨으니 기약이 이르러 주신 증거니라 (딤전 2:6)

여기 쓰인 명사 **안티뤼트론**(ἀντίλυτρον)에는 '교환'의 개념이 강조되어 있을 뿐, 그 의미는 본질적으로 **뤼트론**과 다르지 않다. 앞서 복음서에 나왔던 예수님의 말씀과 동일한 개념이 그대로 담겨 있다. 예수 그리스도는 모든 사람을 대신하여 지불된 '교환 대가'이다. 그분의 자기 희생을 근거로 모든 사람이 자유롭게 되었다. 한편, 디모데전서 구절에 나오는 "모든 사람"(πάντων)은 복음서에 나오는 "많은 사람"(πολλοί)보다 더 넓은 범위의 사람들, 즉 인류 전체를 의미할 수 있다. 다시 말해, 복음 선포에 실제로 응답한 이방인들뿐만 아니라, 그 선포에 적대적이었던 사람들까지 포함할 수 있는 것이다.

예수 그리스도께서 자신을 몸값으로 지불하시고 인류를 구원하셨다는 개념은 신약성경의 다른 곳에서도 발견된다.

> 그가 우리를 대신하여 자신을 주심은 모든 불법에서 우리를 속량하시고 우리를 깨끗하게 하사 선한 일을 열심히 하는 자기 백성이 되게 하려 하심이라 (딛 2:14)

여기에는 속죄 제사의 모티프(불법에서 깨끗하게 하심)도 있고, 언약 개념(자기 백성이 되게 하심)도 나타나지만, 그 저변에는 그것을 가능하게 하는 고전적 의미의 "속량" 개념이 깔려 있다.

사회·경제적 개념으로서의 "속량"과 제의적 개념으로서의 "속죄"가 결합된 또 하나의 용례는 히브리서 9:12이다.

> 염소와 송아지의 피로 하지 아니하고 오직 자기의 피로 영원한 속죄를 이루사 단번에 성소에 들어가셨느니라 (히 9:12)

『개역개정』은 "속죄"라고 번역했지만, 실제 그리스어 원어는 **뤼트로시스** 즉, "속량"이다.

베드로전서 1:18-19은 동사 **뤼트로오**(λυτρόω)를 몸값 지불의 개념과 함께 사용하기도 한다.

¹⁸ 너희가 알거니와 너희 조상이 물려 준 헛된 행실에서 대속함을 받은 것(ἐλυτρώθητε)은 은이나 금 같이 없어질 것으로 된 것이 아니요 ¹⁹ 오직 흠 없고 점 없는 어린양 같은 그리스도의 보배로운 피로 된 것이니라 (벧전 1:18-19)

베드로는 그리스도의 피를 가리켜 "보배로운(τίμιος) 피"로 표현하는데, 이는 일반적으로 노예나 포로를 구속하기 위해 지불하는 돈을 가리키는 용어, "대가"(τιμή)의 언어유희(word play)일 것이다. 복음서에서 예수님의 죽음이 몸값으로 이해된 것이 여기에도 영향을 미쳤을 가능성이 있다.

교환 또는 거래로서의 구원

하나님의 구원 행위를 '교환'과 '거래'의 언어로 표현한 사례는 신약성경 다른 곳에서도 발견된다. 바울은 갈라디아 교인들에게 그리스도께서 우리를 위해 저주를 받으심으로써 우리를 저주에서 속량하셨다고 말한다(갈 3:13). 또한 그리스도께서 율법 아래에서 나심으로써 율법 아래에 있는 우리를 속량하셨다고 말한다(갈 4:4-5). 바울은 이 두 구절에서 보통의 상거래는 아닐지라도 일종의 동해보복(同害報復) 또는 등가교환(等價

交換)의 원리에 기초하여 그리스도의 구원 사역을 설명한 것이다. 바울은 고린도 교인들에게 하나님께서 "값을 치르고" 우리를 사셨다고 표현하기도 한다(고전 6:20; 7:23, 30). 하지만 갈라디아서와 고린도전서에서 바울이 사용한 동사는 **뤼트론**의 동계어가 아니다. 바울은 일반적인 상거래에 사용되는 **아고라조**(ἀγοράζω) 또는 그것이 들어간 복합동사 **엑사고라조**(ἐξαγοράζω)를 사용한다. 이 구절들을 통해 바울이 말하고자 했던 바는 다음과 같다. 예수 그리스도의 구원 사역이 우리에게 값없이 주어졌다. 하지만 하나님 편에서는 그리스도를 저주와 율법에 두시는 엄청난 대가를 치르신 것이다. 하나님께서는 그 대가를 치르고 인류를 구원하셨다.

동사 **아고라조**("사다", "구입하다")는 요한계시록 안에서 중요한 구원론적 선언에 등장한다. 요한계시록 5장에서 요한은 천상 보좌에 끌려 올라가, 네 생물과 이십사 장로들이 어린양을 향해 노래하는 소리를 듣는다.

> 그들이 새 노래를 불러 이르되 [어린양이] 두루마리를 가지시고 그 인봉을 떼기에 합당하시도다 일찍이 죽임을 당하사 각 족속과 방언과 백성과 나라 가운데에서 사람들을 피로 사서 하나님께 드리시고 (계 5:9)

이후 일곱 인의 환상을 보고 나서 막간에 펼쳐진 환상을 통해, 요한은 십사만 사천 명이라는 특별한 집단에 대해 알게 된다. 그들은 "[땅에서] 속량함을 받아 처음 익은 열매로 하나님과 어린양에게 속한" 사람들이었다(계 14:3-4). 비록 **아고라조**라는 동사를 사용해서 어린양이 자신의 피를 값으로 지불하고 사람들을 '사셨다'는 개념을 표현했지만, 그 이면의 의미에 있어서는 아마도 **뤼트론**의 영향이 작용했을 것이다.

지금까지 살펴 본 신약성경 구절들에는 하나님의 구원 행위에 "몸값"의 지불 개념이 연결되어 있다. 하지만 단순히 신약성경에 쓰인 용례의 수로만 보면 이런 구절들은 소수이다. 더 많은 경우에 더 일반적이고 확장된 의미, 즉 "구원" 혹은 "(죄의) 용서"와 사실상 차이가 없는 의미로, **뤼트론**의 동계어들이 사용되고 있다.

이스라엘의 해방

앞서 구약성경과 제2성전기 유대교의 용례에서 살펴봤듯이, "구속"은 이스라엘이 역사 속에서 경험했던 두 번의 민족적 구원과 해방을 표현하는 단어였다(출애굽과 바벨론 유배로부터의 귀환). 신약성경에도 민족주의적이고 정치적인 뉘앙스를 띤

"해방"으로서의 "구속" 용례가 나타난다. 특히, 누가복음과 사도행전 속 몇몇 구절들이 그런 의미를 띠고 있다.

누가복음 24장을 보면, 엠마오로 가던 제자들이 예수님께서 이스라엘을 속량하실 것이라는 소망에 대해 이야기하는 장면이 나온다.

> 우리는 이 사람이 이스라엘을 속량할 자라고 바랐노라 이뿐 아니라 이 일이 일어난 지가 사흘째요 (눅 24:21)

그들이 내비친 "속량"의 희망은 공동체적인 것이었고, 무엇보다도 당시 많은 유대인들이 공유하고 있던 정치적 차원의 해방 개념에 가까웠다. 또 이와 비슷한 개념의 "속량"이 세례 요한과 아기 예수님의 탄생 기사에 나온다.

> [67] 그 부친 사가랴가 성령의 충만함을 받아 예언하여 이르되 [68] 찬송하리로다 주 이스라엘의 하나님이여 그 백성을 돌보사 속량하시며 (눅 1:67-68)

하나님께서 베푸신 기적을 통해 얻은 아들 요한을 두고 제사장 사가랴는 이렇게 말한다. "하나님이 그 백성을 돌보사 속량하[셨다]"(직역하면, "속량을 행하셨다").

이후 아기 예수님이 태어났을 때 그 부모는 팔일 만에 예루살렘 성전을 방문했다. 그때, 선지자 안나는 예수님을 메시아로 알아보고, 예루살렘의 속량을 바라는 모든 사람에게 그분을 언급했다(눅 2:38).

> ³⁶ 또 아셀 지파 바누엘의 딸 안나라 하는 선지자가 있어 나이가 매우 많았더라 … ³⁸ 마침 이 때에 나아와서 하나님께 감사하고 예루살렘의 속량을 바라는 모든 사람에게 그에 대하여 말하니라 (눅 2:36-38)

누가복음 안에서 이 세 본문에 등장하는 "속량"의 경우 몸값 지불이나 구매의 개념이 완전히 사라졌다. 그 대신 하나님의 백성을 해방시키는 일에 대한 강조만이 남았다.

누가는 사도행전 7:35에서 모세에게 "통치자"(ἄρχοντα, 개역개정은 "관리") 및 "속량하는 자"(λυτρωτήν)라는 칭호를 붙인다. 여기서 "속량하는 자"는 "통치자"와 동의어이다. 전후 맥락상 모세는 어떠한 몸값 지불 행위에도 개입하지 않았다. 모세는 단지 이스라엘 민족의 해방을 주도하는 역할을 담당했을 뿐이다.

사도행전 1장을 보면, 부활하신 예수님께서 제자들에게 하나님 나라의 일에 관해 말씀하시자, 제자들이 "주께서 이스라엘 나라를 회복하심이 이 때니이까?"(행 1:6)라고 묻는 장면이 나온다. 비록 이 구절에는 "구속"이라는 단어가 쓰이지 않았지만 앞서 살펴 본 해방과 동일한 개념이 표현되어 있다.

죄와 형벌로부터의 해방 - 현재와 미래

신약성경에서 **뤼트론** 계열에 속한 단어들의 용례 21회 중 거의 절반(10회)을 차지하는 것은 명사 **아포뤼트로시스**(ἀπολύτρωσις)다. 바울서신에서 이 단어는 그리스도의 죽음이 불러 온 죄와 형벌로부터의 해방을 의미한다(롬 3:24; 고전 1:30; 갈 3:13; 4:5; 엡 1:7; 골 1:14). 히브리서에서, 이 해방은 제의적 의미의 죄 사함, 즉 "양심을 깨끗하게"(히 9:14) 하는 일로 표현된다. 예수 그리스도는 백성의 죄를 "속량"하시는 자비롭고 신실한 대제사장이시다(히 2:17). 그분은 대제사장일 뿐만 아니라 또한 그 자신이 희생제물로서 "자기의 피로 영원한 속죄(그리스어로 **아포뤼트로시스**)"를 이루었다(히 9:12). 속죄 제의는 본래 시내산 언약에서 유래했지만 예수 그리스도는 "새 언약의 중보자"로서 "첫 언약 때에 범한 죄에서 속량하려고" 죽으셨다(히 9:15).

이 구절들에서 "구속" 혹은 "속량"은 "구원"(σῴζω, ῥύω)과 거의 동의어이다. 여기에서는 **뤼트론**이 본래 가지고 있던 의미, 즉 포로나 노예의 해방이라는 사회적·경제적 의미가 드러나지 않는다. 대신 상징적·신학적인 의미의 구원이 두드러진다. 또한 구속이라는 사건 자체보다는 그 사건의 효과, 즉 구속된 인간의 상태로서 자유, 의로움, 거룩함 등에 더 무게가 실린다.

구원으로서의 **뤼트론**에 더해진 또 하나의 신학적 층위는 종말론적 관점이다. 분명 "속량"의 사건은 성육신 혹은 십자가에서 한 번 일어났다(히 7:27; 9:12, 26, 28; 10:10). 십자가와 부활 이후 그분의 대속적 죽음을 믿는 사람은 즉시 속죄의 효과를 누린다. 하지만 "구속"을 이미 경험한 신자들의 삶 속에도 여전히 죄의 유혹과 시험이 작용한다. 우리는 언제쯤 우리를 걸려 넘어지게 하고 시험에 들게 하는 우리 몸의 현실을 벗어나 영구적이고 완전한 해방을 누릴 수 있을까? 이처럼 구속은 미래적 측면을 가지고 있다. 구속의 완전한 실현은 재림 때에 이루어질 것이다. 그렇다면 구속에는 두 가지 시점이 있다고 할 수 있다. 바로 현재의 구속과 미래의 구속이다. 바로 그 둘 사이에 "이미 그러나 아직"(already but not yet)의 긴장이 있다.

바울은 이 긴장을 예민하게 포착했다. 우리는 성령의 처음 익은 열매를 받았지만 "양자될 것 곧 몸의 속량"을 여전히 기다린다(롬 8:23). 구속의 두 시점 사이에 우리를 돕는 분이 계신다. 바로 성령님이다.

> 성령님은 우리가 물려받을 상속에 대한 보증이십니다 마침내 우리가 죄에서 완전히 풀려나서 하나님의 소유가 되고 또 하나님의 영광을 찬양하게 될 때까지 말입니다 (엡 1:14, 새한글)

어쩌면 누가복음에도 구속의 긴장이 표현되어 있는 것인지도 모른다.

> 이런 일이 되기를 시작하거든 일어나 머리를 들라 너희 속량이 가까웠느니라 하시더라 (눅 21:28)

구속의 결과 - 하나님과의 교제

본래 상거래와 사회적 제도의 일환이었던 "구속"은 신약성경에 이르러 하나님과 인간의 관계를 재설정해 주는 종말론적인 사건으로 여겨졌다. 죄의 속박으로부터 놓여지는 것, 무지와 탐욕, 교만과 중독에서 벗어나 자유를 얻는 것은 그 자체로 엄청난 사건이다. 하지만 예수 그리스도의 "구속"의 효과는 거기에서 멈추지 않는다. '무언가로부터의 자유'를 넘어

'무언가를 향한 자유', 그것이 바로 예수 그리스도의 구속의 최종 목적이다. 중요한 것은 과거가 아니라 현재, 그리고 미래다. 고전적 의미에서 **고엘**("구속자")은 **뤼트론**("몸값", "속전")을 지불함으로써, 구속의 대상이 되는 사람 혹은 땅과 새로운 관계 속으로 들어 간다. 보아스가 룻을 "구속"하여 남편과 아내의 관계를 맺었듯이, 그리스도는 교회를 "구속"하여 남편과 아내, 머리와 몸이라는 새로운 관계를 맺는다.

성경에 따르면 하나님의 "구속"의 결과는 세 가지 새로운 관계를 만들어 냈다. 첫째, 구속을 받은 이들은 하나님의 백성이 되고, 하나님은 그들의 주가 되신다(출 15:13; 신 9:26; 21:8; 삼하 7:23; 대상 17:21; 딛 2:14). 즉, 구속은 일종의 언약 관계를 만들어 낸다. 주군이 백성의 생명과 안전을 지키고 책임지듯, 하나님께서는 그분의 백성이 안전하도록 보호하시고, 번영과 행복으로 이끄실 것을 약속하셨다. 물론 하나님의 백성된 우리 편에서도 오직 하나님만을 섬기고 예배하는 신실함을 견지해야 한다. 둘째, 구속받은 이들은 하나님의 자녀로 입양되며, 하나님의 기업을 상속할 권리를 부여받는다(갈 4:14; 롬 8:14-17, 23). 모든 권리에는 책임이 따르듯이, 여기에서도 쌍방적 성격이 드러난다. 즉, 신자는 하나님의 자녀로서 하나님을 사랑하고 그분의 말씀에 청종해야 한다. 또한 날마다 하나님을 닮아가야 할 책임을 갖는다. 셋째, 죄의 속박에서 벗어난 이들은 그들을 구속하신 하나님을 섬기는 종이 된다. 신자는 자기가 하고 싶은 일만 하며 자유롭게 사는 존재가 아니다. 신자는 하나님께서 맡겨 주신 거룩한 과업을 완수하기 위해 부름받고 보냄받은 존재이다. 단, 고대 사회의 노예 제도 안에서 벌어졌던 온갖 모순과 악이 하나님과의 신자 사이 거룩한 주종 관계에 그대로 답습되는 것은 아니다. 신들의 즐거움을 위해 허드렛일을 담당할 노예로 인간을 만들었다는 고대 근동의 설화와 달리, 하나님은 인간을 자기 형상대로 지으시고 복 주셔서 하나님이 지으신 세상 만물을 경영하고 지킬 사명을 주셨다. 그런 의미에서 구속받은 신자는 종이면서 또한 하나님의 동역자이다.

하나님께서 행하신 구속의 결과로 우리에게 생명과 회복, 정의와 평화, 번영과 행복이 주어졌다. 죄 사함, 구원의 확신, 참된 자아를 발견함, 이 모든 것들은 구속을 통해 우리에게 주어진 선물이다. 하지만 구속의 참 의미는 우리가 얻는 '어떤 것'에 있지 않다. 구속의 참 의미는 하나님과 우리 사이에 맺어진 관계에 있다. 그 관계는 어떤 시간의 틀 안에 갇히거나 어떤 영역에 한정되지 않는다. 오늘날 우리 삶 전체에 지속적으로 스며든 하나님의 존재를 깨닫고 그분의 뜻에 맞추어 사는 삶이 바로 구속의 본질이다.

3장_기도

　디모데전서 2장 1절에서 바울은 디모데에게 다음과 같이 권면한다.

　그러므로 내가 첫째로 권하노니 모든 사람을 위하여 간구와 기
　도와 도고와 감사를 하되 (딤전 2:1)

　바울은 제자이자 후배이자 영적 아들인 디모데에게 목회자가 해야 할 가장 우선적인 것으로 기도를 꼽는다. 그런데 기도 한 단어를 언급하는 것이 아니라 무려 네 단어를 열거한다. 기도가 그만큼 중요하다는 사실을 강조하려고 동일한 의미를 지닌 네 단어를 연달아 말한 것일까? 아니면 네 단어는 각각

다른 네 유형의 기도를 의미하는 것일까? 이 물음에 답하기 위해 우리는 기도와 관련된 네 개의 그리스어 단어를 살펴볼 것이다. 아울러, 신약성경에서 기도를 뜻하는 다양한 그리스어 단어들의 용례도 살펴볼 것이다. 그 단어들이 본래 고대 그리스 문화권에서 어떤 뜻으로 통용되었는지, 신약성경 저자들에게 신학적 토대였던 칠십인역에서는 어떻게 쓰였는지, 그리고 신약성경 안에서 어떤 분포, 어떤 뉘앙스를 띠고 사용되는지 등을 살펴볼 것이다. 이를 통해, 기도의 대상, 내용, 방법에 있어서 그 단어들이 어떤 차이를 지니는지, 그리고 신구약성경 전반에 묘사된 이스라엘 백성과 초기 그리스도인들의 기도 생활은 어떠했는지까지도 확인할 수 있을 것이다.

프로스에우케(προσευχή)

이것은 신구약성경 전체에서 기도를 가리키는 가장 일반적인 단어이다. 동사형 **프로스에우코마이**(προσεύχομαι)는 본래 동사 **에우코마이**(εὔχομαι) 앞에 전치사 **프로스**(πρός)가 붙어서 만들어진 합성어이다. 에우코마이의 어원을 추적해 보면, "큰 소리로 선언하다", "자랑하다" 등을 의미했다. 고전 시대(주전 5세기)에 이르러 이 동사는 "신에게 말하다", "기도하다"라는 뜻으로 쓰이기 시작했다. 그리고 그 앞에 "~를 향하여"를 뜻하는 전치사 **프로스**를 붙임으로써 좀 더 일반적인 의미의 "기도를 바치다", "신에게 경외심을 표하다"라는 뜻이 되었다.

그리스인들은 올림포스산에 거주한다고 여겨졌던 열두 신 외에도 여러 신들을 섬겼다. 신들과 소통하며 기도하는 것은 그리스인들의 일상의 한 부분이었다. 그리스 종교에서 기도는 말로만이 아니라 신들이 좋아할 것 같은 예물을 함께 바침으로 이루어졌다. 예물과 함께 신들의 환심을 사서 무언가 구체적인 이득을 얻고자 한다는 점에서 그리스인들의 기도는 일종의 거래와 같은 것이었다. 그런 기도를 드린 그리스인들을 유난히 세속적이라고 생각할 필요는 없다. 고대 근동이나 세계 대부분의 문화권에서 기도는 그런 메커니즘을 통해 작동하기 때문이다.

한편, 신을 인격신이 아닌 철학적 원리 차원에서 상정했던 그리스 철학자들은 세속적 이득 대신 정신적 혹은 도덕적 목표를 위해 기도했다. 그리스 대중 사이에 널리 퍼졌던 신비 종교에서도 이와 비슷한 현상이 일어났다. 신비 종교에 입문한 사람들에게는 특별한 무언가를 얻기보다 신과의 합일이나 신에 가까워지는 체험 자체가 기도의 목적이었다. 신이 나타나 눈앞에 보이는 희귀한 경험의 순간, 기도자는 말을 그치고 고

요한 황홀경에 빠졌다. 그래서 세속적인 어떤 것을 구하거나 다른 이들을 위한 기도는 신비 종교에서 찾아보기 힘들다.

구약성경 칠십인역에서 동사 **에우코마이**는 80회 이상 사용되었다. 특히 민수기와 에스라, 출애굽기와 신명기에 많이 나타난다. 출애굽기에서는 주로 히브리어 동사 **아타르**("호소하다", "탄원하다")의 번역어로 등장한다(출 8:5). 민수기에서는 동사 **팔랄**의 히트파엘 형태로 "중보하다"라는 뜻으로 사용되기도 했다(민 11:2). 하지만 에우코마이로 가장 자주(30회 이상) 번역된 히브리어 동사는 **나다르**("헌신하다", "서원하다")이다. 마찬가지로 히브리어 명사 **네데르**("서원", 창 28:20)는 보통 그리스어 **에우케**로 번역되었다. 구약성경 전체에서 에우케의 빈도 55회 중 21회가 민수기에 나오며, 하나님께 바치는 서원이라는 의미를 전달한다.

동사 **프로스에우코마이**도 칠십인역에서 100회 이상 사용되었다. 거의 항상 "기도하다"를 뜻하는 **팔랄**의 히트파엘 형태의 번역어로 등장한다. 한편, 이 단어의 명사형인 **프로스에우케**는 칠십인역 이전 그리스어 문헌에 나온 적이 없으며, 칠십인역 이후에도 거의 전적으로 유대교와 기독교 문헌에만 나온다. "기도" 혹은 "서원"을 뜻하는 이 명사는 히브리어 **테필라**의 번역어로, 시편(28회), 역대하(11회)를 비롯해서 칠십인역에서 총 100회 이상 쓰였다. 필론과 요세푸스 같은 헬레니즘 시대 유대 저술가들도 **프로스에우케**를 잘 사용하지 않았는데, 그만큼 이 단어는 칠십인역에 특화된 단어였다.

신약성경에서 동사 **에우코마이**는 모두 7회 나온다. 기도 행위 자체를 표현하기도 하지만(고후 13:7, 9; 약 5:16), "원하다", "바라다" 정도의 의미를 나타내기도 한다(행 26:29; 27:29; 롬 9:3; 요삼 1:2). 명사 **에우케**는 3회 정도 밖에 안 나오는데, 그중 한 번은 "기도"(약 5:15), 두 번은 "서원"이라는 뜻으로 사용되었다(행 18:18; 21:23). 반면, **프로스에우코마이**는 85회, 명사 **프로스에우케**는 35회나 나온다. 동사든 명사든 누가-행전에 가장 많이 나온다. 이 단어들은 공적인 예배의 정황(고전 11:4-5; 14:13-16:24)이나 소그룹 모임(마 18:19; 행 2:46-47; 12:12)뿐 아니라 개인적인 기도를 표현할 때(마 6:6; 14:23; 막 1:35; 눅 5:16; 6:12; 9:18)도 쓰였다. 기도의 자세도 다양했다. 무릎 꿇기(행 21:5; 엡 3:14), 이마를 땅에 대기(마 26:39), 서기(막 11:15; 눅 18:11, 13), 그리고 손 들기(딤전 2:8) 등.

데에시스(δέησις)

프로스에우케 다음으로 자주 기도를 가리키는 데 사용된 단어는 **데에시스**다. 이 단어의 동사형인 **데오**(δέω)는 본래 무언가 "모자라다", "결핍되다"라는 뜻이다. 여기에서 중간태인 **데오**

마이로 "요청하다"라는 뜻이 파생했다. 명사형 데에시스는 "결핍"이라는 뜻과 "요청", "요구"라는 뜻 모두를 가지고 있었다. 데에시스와 그 동계어들이 자비로운 신에게 무언가를 요청하는 행위, 즉 기도라는 의미로 쓰인 것은 칠십인역부터였다. 데오마이는 90회 이상, 데에시스는 80회 이상 나타나는 데, 특히 시편에 가장 많이 나타난다. 번역어 데오마이에 상응하는 히브리어 중 가장 흔한 것은 하난("호의를 베풀다", "자비롭게 대하다")이다(신 3:23; 왕상 8:33). 하난은 이스라엘 백성을 향한 하나님의 진노를 달래고 자비를 호소하는 맥락에서 자주 등장한다(출 32:11; 왕상 13:6; 렘 26:19; 슥 8:21). 데에시스는 때로 히브리어 린나("호소", 시 16:1)나 테필라("기도", 시 65:19)의 번역어로도 등장한다.

신약성경에서 동사 데오마이는 22회 쓰였고 주로 누가-행전과 바울서신에 나온다. 하지만 그 모두가 하나님께 기도한다는 의미는 아니다. 용례 중 3분의 1 정도는 개인이나 공동체를 대상으로 하는 요청을 의미한다(행 8:24; 21:39; 26:3; 고후 5:20; 8:4; 10:2; 갈 4:12). 본래 그리스 문화권에서부터 이 동사는 종교적인 의미에 국한되지 않았다. 다양한 상황에서 어떤 곤란과 결핍을 겪는 사람이 그것을 해결해 줄 만한 능력이 있는 사람에게 하는 일반적인 요청 혹은 청원을 의미하기도 했다. 반면, 신약성경에 쓰인 명사 데에시스는 모두 하나님께 드리는 요청이라는 뜻이다(총 18회 쓰였고, 그중 12회가 바울서신에 나온다).

또 한 가지 주목할 점은, **데오마이**와 **데에시스**가 하나님께 대한 기도의 의미로 쓰였을 때, 그것의 목적이나 내용이 개인적이고 물질적인 것을 가리키지 않는다는 사실이다. 바울은 데살로니가 교인들을 보고 그들의 믿음을 보충하기를 간구했다(살전 3:10). 베드로는 마술사 시몬에게 죄 사함을 간구하라고 명령했다(행 8:22). 제자들은 하나님께 추수할 일꾼을 보내달라고 기도해야 했다(마 9:38). 또한 마지막 날 환난 속에서도 인자 앞에 서도록 기도해야 한다(눅 21:36). 이 두 단어는 중보기도의 맥락에서도 사용되었다(행 8:24; 롬 10:1; 고후 1:11).

신약성경 안에서 **데에시스**와 **프로스에우케**가 함께 거론되기도 했는데(엡 6:18; 빌 4:6; 딤전 2:1; 5:5), 이 둘을 어떻게 구분해야 할까? 초기 교부 중 몇몇 이들은, **프로스에우케**를 긍정적인 것을 구하는 기도, **데에시스**를 부정적인 것을 없애거나 탈피하게 해달라는 기도로 구분하기도 했다. 하지만 실제 두 단어의 용례를 보면 그런 도식이 잘 맞지 않는다. 종교 개혁자 장 깔뱅에 따르면, **프로스에우케**는 일반적인 기도를 포괄하여 지칭한다. 반면, **데에시스**는 "결핍", "부족"이라는 어원적 의미를 배경으로 하여, 기도자가 당장 처한 곤란 속에서 드리는 구체적이고 개별적인 청원을 가리킨다. 디모데전서 2장 1절을 읽으며 "간구"(데에시스)를 "간절한 기도"라는 우리말의 사전적 의미로 생각하면 곤란하다. 물론 결핍된 것을 구하느라 간절한 마음을 지닐 수도 있겠지만 그렇다고 **프로스에우케**에 간절함이 없는 것은 아니기 때문이다.

엔테욱시스(ἔντευξις)

이 단어는 신약성경에 딱 두 번 쓰였다.

> 그러므로 내가 첫째로 권하노니 모든 사람을 위하여 간구와 기도와 도고(ἐντεύξεις)와 감사를 하되 (딤전 2:1)

> 하나님의 말씀과 기도(ἐντεύξεως)로 거룩하여짐이라 (딤전 4:5)

디모데전서 2장 1절에 사용된 이 단어를 『개역개정』은 "도고"(禱告), 『새번역』은 "중보 기도", 『공동번역』은 "간청", 『새한글성경』은 "중재 기도"라고 번역했고, 가톨릭성경은 "전구"(轉求)라는 교리적 용어를 써서 옮겼다. 4장 5절의 경우 대부분의 성경은 그냥 "기도"라고 번역했지만 『공동번역』은 "신도들의 기도"라고 옮겼다.

엔테욱시스의 의미를 이해하기 위해서는 먼저 어원을 탐색할 필요가 있다. **엔테욱시스**의 동사형은 **엔팅카노**(ἐντυγχάνω)이다. **팅카노**(τυγχάνω)는 "만나다", "마주치다"라는 의미인데 여기에 전치사 **엔**(ἐν), 즉 "안"이나 "속"을 뜻하는 말이 앞에 붙었다. 그래서 그냥 만나는 게 아니라 만나서 가까이 다가가는 것, 그리고 친밀하게 말하는 것과 같은 상태를 뜻할 수 있다. 이로부터 요청과 청원의 의미가 파생되었다. 따라서 이 단어에는 기도하는 자가 기도를 듣는 대상에게 다가간다는 물리적인 뉘앙스가 들어 있다. 사도행전 25장 24절에서 베스도는 유대인들이 바울을 처벌해 달라고 **엔팅카노**("청원")했다고 말한다.

> 베스도가 말하되 아그립바 왕과 여기 같이 있는 여러분이여 당신들이 보는 이 사람은 유대의 모든 무리가 크게 외치되 살려 두지 못할 사람이라고 하여 예루살렘에서와 여기서도 내게 청원하였으나 (행 25:24)

이는 유대인들이 총독부가 있는 가이사랴까지 왔다는 의미를 담고 있다. 하지만 단지 물리적으로 접근했다는 뜻만을 나타내지 않는다. 가까이 다가와 청원한다는 것은 그만큼 다급하고 간절하게, 그리고 담대하게 요청한다는 의미이다. 여기에 종종 전치사 **휘페르**(ὑπέρ)가 함께 사용되어 "-를 위하여", "-를 대신하여"라는 의미를 나타내기도 한다. 누군가를 대신한다는 의미는 이 전치사구로 표현되기 때문에 **엔팅카노** 자체에는 중보 기도라는 의미가 들어 있지 않다고 봐야 한다.

그래서 로마서 8장 27절에서 이 동사를 써서 "성령이 … 성도들을 위해" 기도한다고 할 때, 그 뜻은 성령님이 하나님께 간절하고 다급하게, 그리고 담대하게 나아가서 기도한다는 의미이다(롬 8:34 참조).

> 마음을 살피시는 이가 성령의 생각을 아시나니 이는 성령이 하나님의 뜻대로 성도를 위하여 간구하심이니라(ἐντυγχάνει) (롬 8:27)

마찬가지로 히브리서 7장 25절에서 대제사장 예수님이 **엔팅카노**하시는 행동도 우리를 대신한다는 중보 개념보다는, '담대하게 나아간다'라는 개념으로 이해되어야 한다.

> [24] 예수는 영원히 계시므로 그 제사장 직분도 갈리지 아니하느니라 [25] 그러므로 자기를 힘입어 하나님께 나아가는 자들을 온전히 구원하실 수 있으니 이는 그가 항상 살아 계셔서 그들을 위하여 간구하심이라(ἐντυγχάνειν) (히 7:24-25)

이 개념은 히브리서 9-10장에서 영원한 대제사장 예수님께서 천상의 성소에 자기 피를 들고 들어가실 뿐만 아니라, 거기로 들어가는 길을 열어 주셔서 우리도 그 안으로 들어가 하나님 앞에 가까이 나아가게 될 것이라는 독특한 신학적 이상과 맞닿아 있다(히 10:19-22). 그렇다면, 앞서 살핀 디모데전서 두 구절에 사용된 **엔테욱시스**는 단지 "기도" 혹은 "중보 기도"가 아니라 담대하고 자유롭게 하나님께 나아가서 드리는 기도라고 할 수 있다.

다른 기도 단어들

에우카리스티아(εὐχαριστία)는 신약성경에 15회 나타난다. 그중 대부분은 하나님께 드리는 감사의 마음, 즉 감사하는 말이나 찬송, 감사의 기도를 가리킨다.

명사 **아이테마**(αἴτημα)의 경우 신약성경에 두 차례 밖에 나오지 않는다(빌 4:6; 요일 5:15), **프로스에우케**가 기도 전체를 묶어서 지칭한다면, **아이테마**는 한 번의 기도 속에 들어 있는 작은 기도 제목들 각각을 가리킨다고 할 수 있다. 예를 들어, 주의 기도라는 **프로스에우케** 속에 7개의 **아이테마**가 있을 수 있다. 이 명사의 동사형 **아이테오**(αἰτέω)는 신약성경에 70회 정도 나오고 대부분 사복음서와 사도행전에 사용된다. 이 동사는 "묻다"라는 뜻과 "구하다"라는 뜻을 모두 가지고 있다. 그 대상은 사람이 될 수도 있고 하나님이 될 수도 있다. 하지만 신약성경에서 **아이테오**의 대상으로 주로 지목되는 대상은 하나님이다. 하나님은 마치 자식에게 좋은 것을 주는 부모처럼 그분께 "구하는" 사람에게 성령을 주신다(마 7:11; 눅 11:13). 물론 하나님께 무언가를 구할 때, 우리는 그분의 뜻에 따라 구해야 하고(요일 5:14), 계명을 지키는 행동이 수반되어야 하며(요일 3:22), 믿음과 결부시켜 구해야 한다(마 21:22; 약 1:5-6). 요한복음에 따르면, 하나님과 우리의 '상호 내주' 상태에서, 그리고 예수 그리스도의 이름으로 구할 때, 우리가 구하는 모든 것을 허락해 주신다(요 15:7; 14:13-14 등).

"외치다", "부르짖다"를 의미하는 동사 **보아오**(βοάω)는 다양한 종류의 외침을 표현한다. 그리스 작가 에우리피데스의 비극에서 메데아가 배신자에 대한 저주를 외치는 행동을 묘사할 때 이 단어가 사용되었다. 또한 전쟁터에서 적을 향해 돌진하며 지르는 함성을 표현하는 데 사용되기도 했다. 구약성경 칠십인역에서 이 동사는 히브리어 **싸아크**의 번역어로 등장한다. 이를테면, 사사 시대에 이스라엘 민족이 외세의 침략과 압제에 괴로워할 때 하나님께 부르짖었던 행동을 묘사할 때 사용되었다(삿 6:7; 10:10). 그 외에도 아벨의 피가 부르짖거나(창 4:10), 가난한 형제가 이웃의 도움을 받지 못해 굶주리며 하나님께 호소할 때(신 15:9), 그리고 모세가 이스라엘 백성의 구원을 위해 하나님께 간구하며 매달릴 때(출 8:12; 15:25; 17:4; 민 12:13)에도 이 동사가 쓰였다. 신약성경에서, 귀신들린 아들 때문에 호소하는 아버지(눅 9:38), 여리고에서 눈 뜨기를 위해 부르짖었던 시각 장애인(눅 18:38), 그리고 임금 체불을 당한 노동자의 울부짖음(약 5:4)을 표현할 때도 보아오가 나온다. 하나님(예수님)을 향한 이런 외침들은 기도의 한 방식이었다.

기도와 관련되어 신약성경에 단 한 차례만 나오는 단어도 있다. 에페로테마(ἐπερώτημα)라는 단어인데, 이는 미묘한 뜻을 담고 있다.

> 물은 예수 그리스도께서 부활하심으로 말미암아 이제 너희를 구원하는 표니 곧 세례라 이는 육체의 더러운 것을 제하여 버림이 아니요 하나님을 향한 선한 양심의 간구니라(에페로테마) (벧전 3:21)

아이테오와 마찬가지로 동사, 에페로타오(ἐπερωτάω)는 "심문하다", "묻다", "요청하다" 등의 의미를 나타낸다. 그래서 "선한 양심의 간구"라는 말은 다음과 같이 세 가지 의미로 해석될 수 있다. 첫째, 세례를 받을 때 물에 몸을 담금으로써 세례 받는 이가 선한 양심을 품고 하나님께 기도하는 것이다(개역개정). 둘째, 세례를 받는 이가 하나님께 선한 양심을 달라고 요청하는 것이다(ESV, NRSV, 가톨릭성경). 셋째, 세례를 베푸는 이로부터 하나님의 뜻을 마음에 새기면서(="선한 양심") 살겠느냐는 요청을 받고서, 세례 받는 이가 그러겠다고 서약하는 것이다(새번역, 공동번역, 새한글성경, KJV, NIV, NLT). 첫째와 둘째 해석에서 **에페로테마**는 요청이나 기도라는 뜻이고, 셋째 해석에서는 하나님(혹은 주례자)으로부터 선한 양심을 향한 결단을 요청받고 거기에 동의해 응답하는 것까지를 포괄한다.

구약성경의 기도

구약성경에서 기도하면 떠오르는 책은 시편이다. 하지만 기도는 시편뿐만 아니라 구약성경 전체에 스며들어 있다. "기도하다"라는 뜻을 가진 동사가 나오는 곳에만 기도가 묘사된 것이 아니다. 하나님께 말하고, 부르짖고, 외치는 것 모두가 곧 기도다. 때로는 신음과 탄식도 기도의 범주에 들어간다.

구약성경 속 기도자들은 하나님이 거룩하시고 전능하신

분임을 잘 알고 있다. 본래 인간이 자력으로 하나님께 나아가서 무엇인가를 아뢰는 것은 불가능하다. 엄밀히 말하면, 기도가 가능한 유일한 이유는 하나님께서 자비와 은혜의 풍성함 가운데 인간의 기도에 귀 기울여 주시기로 작정하셨기 때문이다. 그래서 구약성경 속 기도자들은 뻣뻣이 서서 기도하지 못했다. 무릎을 꿇거나 얼굴을 땅에 대고 납작 엎드렸다. 또한 하나님께만 집중하기 위해 종종 금식을 병행하기도 했다(느 1:4; 겔 8:23; 렘 14:12; 욜 1:14).

기도를 들으시는 하나님은 살아계시며 인격적인 분이시다. 하지만 때로 기도는 하나님과의 치열한 겨루기처럼 보이기도 한다. 특히 이스라엘의 용서와 회복, 구원을 위해 기도한 이들은 하나님께서 이전에 하신 약속과 구원 행위, 그리고 열방들 앞에서 하나님의 이름을 건 이스라엘의 운명을 거론하며 하나님께 호소했다(출 32:11-14; 민 14:13-22; 신 9:26-2; 느 1:4-11). 특히 시편의 기도자는 종종 의심과 유혹에 노출되기도 했다. 하지만 그 저변에는 바위처럼 신실하신 하나님에 대한 신뢰가 깔려 있다. 물론 하나님께서는 그들의 마음을 다 헤아려 알고 계신다. 그런데도 하나님은 당신께 마음을 터놓고 아뢰는 기도를 듣기 원하신다. 그러한 기도는 하나님을 향한 신앙과 사랑의 표현이기 때문이다. 그렇기에 간절한 마음으로 드리는 기도는 하나님을 벗어나 이탈된 시각을 바로잡아 주고, 믿음과 사랑을 더욱 뜨겁게 만들어 준다.

이스라엘의 하나님, 열방과 온 세상의 주인되신 그분께서 당신의 백성에게 스스로를 계시하셨다. 그래서 구약성경 속 기도자들은 언제나 개인으로서가 아니라 언약 백성의 일원으로서 기도했다. 그들이 기도하며 드린 감사의 제목은 자주 이스라엘 백성이 경험한 공동체적 구원을 가리켰다(시 104-105편).

또한 그들은 하나님께서 베푸신 은혜를 의지하여 기도했다. 물론 그렇다고 그들의 모든 기도가 다 참되거나 옳았던 것은 아니었다. 그럼에도 구약성경 속 기도자들은 거짓 기도를 경계하려 노력했다. 입술로만 드리는 기도, 자신을 하나님 앞에 굴복시킴 없이 드리는 기도, 마음뿐 아니라 행동으로 율법에 나타난 하나님의 뜻을 실천하고자 하는 의지 없이 드리는 기도는 모두 거짓된 기도이다(사 1:15-16; 암 5:23-24). 하나님의 뜻을 노골적으로 불순종한 후에 아무리 간절하고 애타게 부르짖어도 하나님은 그러한 기도를 듣지 않으신다(신 1:43-35; 사 59:1-2). 마찬가지로 이웃에게 폭력을 행사하고 악과 불의를 행하면서 동시에 금식하고 부르짖는 사람들의 기도를 하나님은 듣지 않으신다(사 58:3-10; 미 3:1-4).

신약성경의 기도

신약성경 속 기도는 기본적으로 구약성경의 기도 신학을 물려 받은 것이다. 다만 그 기도 신학 위에 새로운 의미가 한 겹 더해졌다. 바로 나사렛 예수님의 기도였다. 예수님이 하나님께 드린 기도, 예수님이 제자들에게 가르친 기도, 그리고 예수님의 대속적 죽음과 부활에 정초한 기도 위에서 신약성경의 기도가 서술된다.

먼저, 신약성경에서 기도자는 하나님을 "아버지"라고 부른다. 이것은 구약성경에서 이스라엘 백성이 하나님을 인격적인 분으로 인식하고 그분과의 친밀한 관계를 누리면서 기도했던 것과 상통한다. 실제로 구약성경 곳곳에 하나님께서 이스라엘의 아버지 되심을 드러내는 구절들이 있다(출 4:22-23; 신 1:31; 32:6; 삼하 7:14; 시 89:26; 103:13; 사 63:16; 렘 31:20; 말 1:6; 3:17). 신학적으로 표현하자면, 신약성경에서와 마찬가지로 구약성경에서도 하나님은 당신을 믿는 자들에게 "아버지" 되신다. 하지만 구약성경 속 기도자들은 하나님을 "아버지"라고 부르지 않았다. 그에 비해 더 명확하고 더 빈번하게 신약성경 속 기도자들은 "하나님 아버지"께 기도했다(마 6:6; 눅 11:2; 롬 8:15; 갈 4:6).

신약성경 안에 묘사된 기도들 중에서도 '주의 기도'는 교회 역사 내내 기도의 모범으로 여겨져 왔다. 특히 하나님의 나라와 뜻이 땅에서 이루어지기를 비는 기도, 일용할 양식과 죄용서를 구하는 기도, 시험과 악에서 구원하시기를 구하는 기도 등은 신자들의 기도가 어떤 성격과 방향을 가져야 하는지를 가르쳐 준다. 모든 성경 구절이 그렇듯, 주의 기도 역시 그것만 따로 떼서 읽어서는 안 된다. 그것이 들어 있는 보다 넓은 문맥(마 6:5-15; 눅 11:1-13)을 통해서 기도에 관한 통전적인 가르침을 취해야 한다. 그 가르침에 따르면, 신자는 기도할 때 마음가짐을 바르게 하고 몸가짐에 있어서는 흐트러짐이 없어야 한다. 진솔하게 기도하고 언제나 하나님을 신뢰해야 한다. 무엇보다 예수님은 하나님과의 끊임없는 소통을 강조하셨다. 기도는 특별한 결심이나 계획이 필요한 일이 아니다. 예수님은 생애 전체가 하나의 기도임을 몸소 보여주셨다.

바울에게 있어서 기도는 성령님과 떼어놓을 수 없다. 바울은 에베소에 있는 교회에게 이렇게 권면했다.

> 모든 기도와 간구를 하되 항상 성령 안에서 기도하고 이를 위하여 깨어 구하기를 항상 힘쓰며 여러 성도를 위하여 구하라
> (엡 6:18)

기도는 궁극적으로 내주하시는 성령님에 힘입어 하나님께 나아가는 것이다. 따라서 기도의 효력은 사람의 말솜씨나 마음 상태에 의존하지 않는다. 바울은 성령에 붙들린 기도가 구원의 확신의 원천이자 또한 증거라고 강조한다(롬 8:15-16). 성령 충만한 기도는 사람의 언어와 지식의 한계를 뛰어넘는다. "방언으로 기도[하고] ⋯ 영으로 기도하[는]" 상태가 바로 그런 상태다(고전 14:14-16).

우리가 기도를 통해 하나님께 구해야 할 것은 무엇일까? 신약성경 속 기도자들은 의롭다 하심(눅 18:14)과 성령(눅 11:13)과 성령의 은사(고전 14:1), 그리고 전도의 방향과 의지(마 1:35-39; 엡 6:19) 같은 것들을 놓고 기도했다. 하지만 구약성경에서와 마찬가지로 신약성경에서도 정욕(약 4:3)과 의심(약 1:5-7), 다른 이들을 용서하지 않는 마음(막 11:25; 마 5:23-24), 그리고 가까운 이들과 가로막힌 관계(벧전 3:7) 등이 기도를 방해했다.

신약성경 속 기도자들은 서로를 위한 중보의 능력으로 그러한 방해를 이겨냈다. 그들은 다른 사람을 위한 중보의 능력을 확신했다(롬 15:30; 약 5:14-18). 심지어 적대적인 사람들까지도 중보의 대상이 될 수 있었다(마 5:44). 그들은 어떠한 상황에서도 하나님의 임재를 느끼며, 언제나, 어디서나 하나님께 기도하고 하나님의 말씀을 들었다(살전 5:16-18).

4장_복음

전도, 좋은 소식을 전하는 것

전도(傳道), 좀 더 폭넓은 표현으로 선교(宣敎)는 그리스도인들에게 신앙의 중요한 목표로 여겨진다. 실제로 교회마다 사명 선언을 할 때면, "땅 끝까지 복음을 전하는 것"이라고 표현하곤 한다. 하지만 사실 성경의 언어(히브리어와 그리스어)로 정확히 전도와 선교에 상응하는 말은 없다. 우리말 성경에 "전도하다"라고 번역된 말의 원문을 살펴보면 거의 항상 그리스어 **우앙겔리조마이**(εὐαγγελίζομαι)와 그 동계어들이 나온다. 이 단어는 어원적으로 "전하다"라는 동사(αγγελλω) 앞에 "좋은"을 뜻하는 접두어(ευ-)가 결합된 형태이다. 즉, "좋은 소식을 전하다" 혹은

"기쁜 소식을 전하다"라는 의미를 가진다. 명사형 **에우앙겔리온**(εὐαγγέλιον)은 "좋은 소식", "기쁜 소식"이라고 옮길 수 있다. 17세기 중국에서 활동하던 선교사들이 처음으로 성경을 한문으로 옮길 때, 이 단어를 "복음"(福音)이라고 옮겼고, 그것이 그대로 우리말에 들어왔다. 사실 한자 "복"(福)과 마찬가지로, 그리스어 접두어 **에우**(εὐ-)도 기독교 신앙과 본질적으로 아무런 관련이 없다. 다시 말해, "좋은 소식"이 왜 좋은 소식인지, 어떻게 좋은 것인지에 관한 내용이 성경 전체의 이야기와 신학을 통해 채워지고 설명되어야 한다.

구약성경에서의 복음

칠십인역 구약성경에서 그리스어 **에우앙겔리온**으로 번역된 히브리어의 본래 단어는 **바싸르**의 명사형 **메바싸르**이다. 이 단어 자체로 승전보와 같은 "좋은 소식"을 의미할 수 있었다. 하지만 이 단어는 구약성경 전반에 걸쳐 그리 흔하게 나타나는 단어가 아니며, 신학적으로도 그리 두드러지지 않았다. 심지어 아들들의 죽음과 같은 나쁜 소식을 전하는 상황에서도 **바싸르**가 쓰였다(삼상 4:17). 물론 이 단어가 "좋은 소식"이라는 의미로까지 확장될 수 있었지만, 태생적으로 신적인 은혜나 구원 행위를 전하는 소식이라는 뜻을 가지지는 않았다. 어떤 소식을 전달해 주는 활동이라는 일반적인 의미를 지녔다.

하나님의 구원 행위와 관련하여 **바싸르**를 사용한 용례는 이사야 40장 이후에 집중적으로 나온다. 특히 다음의 두 구절이 중요하다

> 좋은 소식을 전하며 평화를 공포하며 복된 좋은 소식을 가져오며 구원을 공포하며 시온을 향하여 이르기를 네 하나님이 통치하신다 하는 자의 산을 넘는 발이 어찌 그리 아름다운가 (사 52:7)

> 주 여호와의 영이 내게 내리셨으니 이는 여호와께서 내게 기름을 부으사 가난한 자에게 아름다운 소식을 전하게 하려 하심이라 나를 보내사 마음이 상한 자를 고치며 포로된 자에게 자유를, 갇힌 자에게 놓임을 선포하며 (사 61:1)

이사야는 바벨론으로 끌려갔던 유다 왕국의 후손들이 두 세대 만에 마침내 고향 땅으로 돌아올 것이며, 예루살렘에 다시 성전을 짓고 하나님을 예배할 것이라고 선포한다. 이것은 단지 이스라엘 민족의 해방과 국가로서의 회복만을 의미하지

않는다. 이것은 이제까지와 달리 이방민족들까지 시온으로 모여 들어 하나님을 높이는 편만한 구원의 시대가 올 것이라는 소식이었다(사 40:5; 51:4; 60:6). 여기에는 인간 사회의 모순과 질곡만이 아니라 자연 질서와 세상 전체를 새롭게 하시고 전 지구적·우주적 갱신이 이 "소식"에 담겨 있다. 이는 또한 종말의 도래를 의미하며 하나님께서 친히 왕이 되셔서 통치하시는 때를 가리킨다. 이사야 40장 이후에 펼쳐진 구원의 환상과 그것을 "좋은 소식"(사 52:7), "아름다운 소식"(사 61:1)이라고 집약한 이사야서는 신약성경 속 "복음"의 내용을 구성하는 중요한 기초가 된다.

그리스-로마 사회에서의 복음

고대 그리스인들도 승전이나 행운, 그리고 성공과 같은 좋은 소식을 표현하기 위해 **에우앙겔리온**과 그 동계어들을 사용했다. 비교적 드물게 사용되던 이 단어가 종교적 의미를 획득하게 된 계기는 절대 권력자인 로마 제국 황제의 등장 때문이다. 앞서 그리스 사회에서부터 이미 왕이나 통치자들은 신적 지위를 지닌다고 여겨졌는데, 로마인들이 그 개념을 황제에게 적용했다. 신적 지위를 지닌 통치자가 태어나고 자라서 성인이 되고 마침내 황제로 즉위했다는 소식, 또한 황제의 연설과 칙령과 행위에 관한 소식은 "좋은 소식" 즉, "복음"으로 받아들여졌다. 그 통치자를 통해 세상에 평화와 번영이 이루어질 것이라는 희망이 생겼기 때문이다.

예를 들어 주전 9년에 공포되고 돌에 새겨진 초대 황제 아우구스투스의 칙령에는 다음과 같은 내용이 나온다. "실패와 불행으로 치닫는 세상을 그가 회복했다. 만약 그가 태어나서 모든 사람의 축복이 되지 않았다면 이 우주는 멸망을 자초했을 것이다. … 섭리를 통해 아우구스투스는 인류 가운데 시혜(施惠)의 덕으로 가득하였고, 말하자면 우리를 위한 구주로 보내졌다. … 그의 생일은 인류에게 전해진 세상을 위한 좋은 소식의 시작이었다." 이렇게 **에우앙겔리온**은 황제를 정점으로 하는 제국의 통치 이데올로기를 정당화하는 데 동원되었다.

신약성경에서의 복음

신약성경에서 "복음"을 표현하는 단어의 쓰임은 상당히 특이하다. 동사 **에우앙겔리조마이**의 총 용례 55회 중 거의 절반이 누가복음과 사도행전에 집약되어 있고, 나머지 절반 대부분은 바울서신에 있다. 누가복음을 제외한 다른 세 복음서에는 정작 "복음을 전하다"라는 동사가 딱 한 번 나오는데(마 11:15) 그나마 구약성경의 한 구절(사 61:1)을 인용하는 대목이다. 명사 에우앙겔리온의 경우, 누가복음에는 한 번도 나오지 않고 사도행전에 두 번 나온다(행 15:7; 20:24). 명사 "복음"의 경우 마가복음에 8회, 마태복음에는 4회 등장한다. 요한복음에는 명사든 동사든 "복음"과 관련된 단어가 한 번도 쓰이지 않았다. 이는 "복음"이라는 단어를 빼고 기독교를 말하기 어렵게 되어버린 오늘날의 상황에서 매우 특이한 현상이다.

바울서신의 복음

신약성경 중 가장 먼저 기록된 바울의 편지들에서 "복음"은 앞뒤에 다른 수식어 없이 단독으로 20회 이상 사용되었다. 다시 말해서, 기독교가 성립하기 시작한 가장 이른 시기부터 그리스도인들은 별다른 설명 없이도 "복음"이 무슨 의미인지 이해했다는 것이다. 단, 바울의 편지를 받아 읽었던 원독자들 모두가 유대인들이었거나 구약성경에 친숙한 사람들은 아니었다. 따라서 "복음"을 반드시 구약성경의 언약 개념이나 이스라엘 민족의 역사를 배경으로 이해한 것은 아니었을 것이다. 도리어 바울의 독자들이 "복음"을 이해했던 더 가까운 배경은 아마도 그레코-로마 문화였을 것이다.

1세기 로마 사회에서 "복음"이라는 그리스어 단어의 사상적 배경은 로마 제국의 황제 이데올로기였다. 곧 황제의 생일, 승전, 즉위, 그리고 황제가 특정 지역을 방문한다는 뉴스가 곧 "복음"이었다. 하지만 이 복음은 사실 기만적이었다. **팍스로마나**(pax Romana), 즉 로마의 평화가 수많은 노예와 농노들의 피땀 어린 노동, 그리고 로마에 의해 정복당해 식민지 백성으로 살며 바친 무거운 세금 위에 세워졌듯이, 황제의 임재는 잠깐의 기쁨과 환호 뒤에 영구화된 억압과 속박을 확정하는 소식이었기 때문이다. 이러한 황제 복음의 기만성을 폭로하고 진정한 평화와 기쁨의 소식을 선포한 것이 바로 바울이 전한 복음, 곧 예수 그리스도의 복음이었다.

바울이 전한 복음의 핵심은 예수님의 성육신과 십자가 죽음, 그리고 부활의 소식이었다(롬 1:1-4; 고전 15:1-7). 비록 바울의 독자들 모두가 구약성경에 익숙했던 것은 아니었지만, 그럼에도 그는 예수 그리스도의 삶과 죽음, 부활을 설명할 때 구약성경을 폭넓게 사용했다. 예수님을 예언하고 증언하는 한에 있어서 구약성경 또한 복음이었다. 바울에 따르면 구약성경의 핵심은 율법이 아니라 "약속"(ἐπαγγελία)이었다(갈 3:10-22).

바울이 전한 "그리스도의 복음"(고전 9:12; 고후 2:12)에서 속격

"그리스도의"는 주어도 될 수 있고 목적어도 될 수 있다. 다시 말해, 복음의 내용이 그리스도인 만큼, 복음의 기원도 그리스도이며, 그 복음을 전하도록 선교사를 불러 보내신 분도 그리스도이다. 이 복음은 구원과 생명을 가져오고(롬 1:16; 고전 15:2), 또한 심판도 가져온다(롬 2:16). 바울이 전한 복음은 하나님의 의를 드러냄으로써(롬 1:17) 성도를 만들고 교회를 세운다(골 1:5, 23).

바울에게 복음은 단지 예수님에 관한 말이나 글이 아니었다. 에우앙겔리온은 전해진 좋은 소식이라는 뜻의 명사였을 뿐만 아니라(the message), 또한 그 소식을 전하는 행위 자체를 뜻하는 동명사이기도 했다(messaging). 다시 말해, 예수님을 선포하는 행위와 그 선포에 부합하게 살아가는 삶 모두가 "복음"을 구성했다. 바울에게 있어서 복음은 선교사가 전하는 말에 그치는 것이 아니라 선교적 삶 그 자체였다(롬 1:1).

사복음서의 복음

사복음서를 보면, 예수님의 말씀 속에 "복음"(혹은 "복음을 전하다")이라는 단어가 10회 이상 나온다(마 4:23; 9:35; 11:5; 24;14; 26:13; 막 1:15; 8:35; 10:29; 13:10; 14:9; 16:15; 눅 4:18; 7:22). 물론 꼭 그 단어가 쓰이지 않았더라도 인류의 구원에 관한 하나님의 계획과 뜻에 관한 예수님의 모든 말씀에 복음이 담겨져 있다고 할 수 있다. 하지만 그중에서도 예수님께서 "복음"을 직접적으로 언급한 대목을 엄밀히 살펴보면, 대개 구약성경에 예언된 언약 백성의 회복 혹은 재건과 관련됨을 알 수 있다.

마가복음 1장 14-15절을 보자.

> [14] 요한이 잡힌 후 예수께서 갈릴리에 오셔서 하나님의 복음을 전파하여 [15] 이르시되 때가 찼고 하나님의 나라가 가까이 왔으니 회개하고 복음을 믿으라 하시더라 (막 1:14-15)

이 본문은 복음서 저자가 이해했던 복음의 의미가 지닌 두 가지 차원을 보여준다. 첫째, 적어도 "역사적 예수"에게 있어서 복음의 핵심 내용은 하나님의 나라였다. 물론 예수님이 마주했던 청중이 1세기 팔레스타인에서 살던 유대인들이었다는 사실을 감안한다면 이상할 것이 없다. 구약성경에 기록된 신정국가의 이상, 혹은 제2성전기 지혜문학과 묵시문학에 그려진 이스라엘의 회복이야말로 당시 유대인들이 갈망하던 "좋은 소식"의 핵심이었기 때문이다. 둘째, "역사적 예수"의 선포를 기억하고 보도하는 복음서 저자, 그리고 그의 복음서를 읽었던 원독자들은 "하나님의 나라 복음"과 그 복음의 선포자 예수 그리스도가 분리되지 않는다는 사실을 잘 알고 있었다.

드디어 "때가 찼다." 하나님께서 이스라엘에 보내실 메시아는 다윗의 자손이면서도 또한 더 이상 다윗 자손의 인간적 한계에 갇히지 않는 하나님의 아들이어야 했다. 그 메시아를 보내실 "때가 찾다." 하나님의 아들 없이 하나님의 나라는 시작되지 않는다. 그래서 하나님의 나라, 하나님의 통치는 곧 하나님의 아들, 메시아의 통치와 다르지 않다. 어쩌면 마가가 예수님을 주인공으로 하는 이야기의 제목을 "복음"이라고 붙인 이유도 예수님이 곧 복음임을 말하기 위해서였을 것이다(막 1:1). 그런 의미에서 마가는 바울 "복음"의 의미를 충실히 반영한다(역사적으로 볼 때에도 바울이 마가에게 신학적 영향을 주었을 개연성이 충분하다).

마태의 경우 마가보다 더 집요하게 "복음"과 "하나님의 나라"를 연관짓는다(마 4:23; 9:35; 24:14). 그에게 복음은 언제나 "천국 복음"이다.

> 예수께서 온 갈릴리에 두루 다니사 그들의 회당에서 가르치시며 천국 복음을 전파하시며 백성 중의 모든 병과 모든 약한 것을 고치시니 (마 4:23)

누가의 두 저작, 누가복음과 사도행전에도 특이한 현상이 나타난다. "복음을 전하다"라는 동사는 누가복음에 10회, 사도행전에 15회 쓰였지만, 명사 "복음"의 경우 복음서에는 전혀 나오지 않고 사도행전에만 두 차례 나올 뿐이다. 그 두 차례에서 "복음"은 사도들이 예수 그리스도에 관해 전하는 활동을 의미한다.

동사의 경우 "좋은 소식을 전하다"처럼 헬레니즘 문화의 맥락에서 일반적인 의미를 띠고 있다. 즉, 공적 사역 동안 예수님의 활동 그리고 초기 그리스도인들의 전도 활동을 동사 에**우앙겔리조마이**로 표현한 것이다. 반면, 명사 "복음"은 예수님의 오심과 죽음, 부활 사건, 그리고 오순절 성령강림까지 이어지는 하나님의 구원을 선포하는 내용을 가리킨다. 또한 예수님의 승천 후 사도들과 교회가 유대인들과 이방인들 앞에서 전하는 소식을 가리키기도 한다. 동사와 명사 간 이런 의미상의 구분은 누가복음과 사도행전에 나타나는 독특한 현상이다.

공관복음에서도 예수님이 복음의 전달자(messenger)일 뿐만 아니라 또한 복음의 근원(author)이고 주제(subject)라는 개념이 부분적으로 나타나지만, 그것을 전면에 부각시켜 명백하게 서술한 저자는 요한이다. 비록 요한복음 안에 "복음"이라는 단어는 나오지 않지만, 하나님의 진리의 계시자로서 예수님의 정체, 그리고 그분의 말을 듣고 믿을 때 경험하게 되는 "생명"의 다채로운 양상이 복음이라는 주제를 서술하고 있다.

글이 아닌 말로서의 복음

한국어로 "복음"과 "복음서"는 동의어가 아니다. 하지만 그리스어나 현대 서양 언어 대부분에서 "복음"과 "복음서"는 구별되지 않는다. 명사 에우앙겔리온 그리고 영어 gospel은 "복음"과 "복음서" 두 가지 모두를 의미할 수 있다. 처음부터 그랬던 건 아니었다. 마가의 경우 그의 책 첫 구절에 그 명사를 제목처럼 사용했을 수 있지만, 누가는 에우앙겔리온 대신 "내력", 혹은 "엮어낸 이야기"(διήγησις)라는 단어를 썼다. 사실 복음서 저자들 중 그 누구도 자신들이 쓴 글에 "복음서"라는 제목을 붙이지 않았다. 오늘날 우리가 복음서마다 첫머리에서 보는 "마태복음", "마가복음" 등의 제목은 각 저자들이 붙인 것이 아니라 주후 2세기 이후 필사되는 과정에서 추가되었다는 것이 정설이다. 바울 역시 에우앙겔리온을 말할 때 그 어디에서도 '기록된 책'이라는 뜻으로 사용하지 않았다.

"복음"은 "복음서" 이전부터 존재했고, "복음서" 바깥에서 존재했다. 다시 말해, 복음은 본래 말로 표현되었고, 삶으로 전달되었다. "복음"은 그것을 전하고 살아내는 사람의 진정한 목소리와 말로 표현되었다. 오늘날은 복음을 어떤 공식처럼 외워서 전달하기도 하지만 그것으로 복음이 다 전해질 수 있는 것은 아니다. 이른바 '완성된 계시'로서 성경이 주어진 오늘날에도 여전히 복음은 특정 교리나 신조에 갇힐 수 없다. 삶으로부터 유리된 개념, 도그마, 용어로서의 복음은 사실상 아무런 힘도 가지지 못한다. 복음은 글이기 이전에 말이다. 복음은 글이기 이전에 삶이다.

복음 전도의 방식

신약성경을 보면 명사 "복음"을 목적어로 삼아 그것을 전달하는 활동을 표현하는 동사가 많이 나온다. 예를 들면, "복음을 전하다"(εὐαγγελίζομαι, 고후 11:7; 갈 1:11)가 동족 목적어를 취하는 경우뿐만 아니라, 또한 "선포하다"(κηρύσσω, 갈 2:2; 살전 2:9), "전달하다"(καταγγέλλω, 고전 9:14), "말하다"(λαλέω, 살전 2:2), "가르치다"(διδάσκω, 행 15:35-36)와 같은 다양한 동사들이 "복음"을 목적어로 취한다.

성경의 저자들은 "복음"이라는 단어를 사용하지 않으면서도, 사실상 전도 활동을 표현하기 위해 다른 단어들을 사용하기도 했다. 이를테면, "토론하다"(διαλέγομαι)는 유독 사도행전 17장 이후에 많이 나타난다. 이는 바울이 데살로니가와 아테네, 고린도, 에베소에서 사람들과 복음을 두고 묻고 답하며 대화하는 활동을 했음을 의미한다. "설득하다"(πείθω)의 경우 완료수동태로 쓰일 때 "확신하다"라는 의미로 변하는데, 이것이 전도의 상황에서 쓰이기도 했다. 예루살렘에서 바울을 조우했던 아그립바 왕이 "네가 적은 말로 나를 권하여 그리스도인이 되게 하려 하는도다"(행 26:28)라고 말했을 때, 이는 바울이 단지 어떤 내용을 전달하는 데 그치지 않고 진정성을 담아 복음으로 설득하고자 했음을 가리킨다.

복음 전도자(εὐαγγελιστής)

"복음을 전하다"에서 파생한 또 다른 명사는 "복음 전도자"(에우앙겔리스테스)다. 먼저, 사도행전 21장 8절에서 빌립이 이 직함으로 불렸다.

> 이튿날 떠나 가이사랴에 이르러 일곱 집사 중 하나인 전도자 빌립의 집에 들어가서 머무르니라 (행 21:8)

빌립은 본래 예루살렘 교회가 헬라파 과부들이 구제에서 소외되지 않도록 봉사에 전담하기 위해 선출된 일곱 명 중 한 명이었다. 그 일곱 명이 공동체의 재정 출납 혹은 구제 사역을 담당함으로써, 사도들이 말씀과 기도에 집중할 수 있을 것이라고 기대했던 것이다. 하지만 일곱 명의 사역은 교회 내 행정과 구제, 봉사 활동을 넘어섰다. 실제로 일곱 명 중 하나였던 스데반은 사도들 못지않게 활발히 복음 전도 사역을 수행하다가 공회에 고발당해 죽음을 당했다. 스데반의 순교로 예루살렘 교회가 흩어졌을 때 빌립은 사마리아에 복음을 전했고 큰 성공을 거두었다. 이후에도 빌립은 예루살렘을 방문하고 돌아가던 에디오피아 관리에게 전도한 후 서쪽 해변을 따라 여러 성을 지나면서 "복음을 전[했다]"(행 8:40). 이처럼 두드러진 선교적 활동을 통해 빌립은 "복음 전도자"라는 칭호를 얻게 되었던 것 같다.

하지만 에베소서 4장 11절에 언급된 "복음 전도자"의 경우 조금 다른 뉘앙스를 지닌다.

> 그가 어떤 사람은 사도로, 어떤 사람은 선지자로, 어떤 사람은 복음 전하는 자로, 어떤 사람은 목사와 교사로 삼으셨으니 (엡 4:11)

부활하신 예수 그리스도는 교회를 세우기 위해 다섯 가지 직분을 주셨다. "사도"와 "예언자"에 이어 세 번째로 "복음 전도자"가 지목되었고 네 번째와 다섯 번째는 "목사"와 "교사"였다. 이 다섯 단어가 '활동'(activity)을 지칭하는지 아니면 '직분'(office)을 지칭하는지에 관하여 논쟁이 있다. 만약 전자라면 "사도"를 열두 제자만이 아니라 "보냄을 받은" 모든 사람에게 적용할 수 있다. 하지만 이 단어가 성경에서 사용된 예를 고려하면 그럴 가능성은 적어 보인다. 그렇다면 "복음 전도자"는 사도처럼 초기 교회에서 인정된 하나의 공적 직분이라고 볼 수 있다.

이 단어의 또 다른 용례가 디모데후서 4장 5절에 나온다. 바울이 후배 목회자인 디모데에게 권면하는 장면이다.

> 그러나 너는 모든 일에 신중하여 고난을 받으며 전도자의 일을 하며 네 직무를 다하라 (딤후 4:5)

디모데가 부여받은 직무는 **에우앙겔리스테스** 즉, 복음 전도의 직무였다. 앞서 디모데전서에서 바울은 "네 속에 있는 은사 곧 장로의 회에서 안수 받을 때에 예언을 통하여 받은 것"을 언급한 바 있다(딤전 4:14). 에베소서 말씀과 연결지어 생각하면

이 은사가 바로 부활하신 예수님께서 디모데에게 주신 선물 곧 복음 전도자로서의 직분이라고 할 수 있다.

복음을 전하는 이유와 방식

복음은 단순히 구원에 관한 교리를 담은 정보가 아니다. "복음 전도"라는 말 속에 "선포"나 "전달"과 같이 말로 하는 행위가 들어 있긴 하지만 그저 말뿐인 복음 전도는 반(半)복음적이다. 심지어 반(反)복음적일 수도 있다. 다른 사람에게 그가 모르는 내용을 알려주는 것, 그것은 복음 전도가 얇게 드러난 모습일 뿐이다. 복음이 복된 이유는 그 소식이 가리키는 실체 안에 중요한 본질이 있기 때문이다. 다시 말해, 하나님께서 통치하신다는 소식은 실제로 하나님의 임재와 통치를 경험하고 그 속에 살아갈 때 비로소 의미가 있고 참이 된다.

그리스도인은 예수님께서 명령하셨기 때문에 마지못해 복음 전도를 하는 것이 아니다. 우리 자신은 별로 내키지 않지만 하나님이 그렇게도 원하신다고 하니 하나님을 흡족하게 해 드리기 위해 억지로 전도하는 것도 아니다. 천국에서조차 다른 사람을 누르고 더 큰 상을 받을 요량으로 경쟁처럼 전도하는 것은 더더욱 아니다. 우리가 복음을 전하는 이유는 복음이 우리 안에 있기 때문이다. 복음은 우리 앞과 뒤와 옆, 사방팔방을 두르고 있다. 복음이 우리 삶을 지배하고 우리는 복음에 풍덩 빠져 있다. 복음이 곧 우리가 삶을 살아가는 이유이자 근거다. 우리는 복음이 뒤바꾼 현실 곧 하나님과 함께 하는 삶을 매순간 누린다. 그렇게 하나님과 함께 살아가는 삶을 다른 사람들에게 내비치고 나누는 것이 곧 복음 전도이다.

5장_죄

성경에서 "죄"는 인간 실존이 처한 문제의 핵심을 표현하는 단어이다. 죄는 잘못된 행동, 혹은 법률 위반을 의미하기도 하지만 거기에 한정되지는 않는다. 현대 철학과 사회학, 그리고 심리학에서 말하는 부조리나 소외, 트라우마 등도 성경 안에서는 모두 "죄"의 범주에 들어간다.

이제 우리는 성경, 특별히 신약성경 안에서 죄가 어떻게 서술되고 있는지, 그리고 그 서술을 통해 어떻게 죄를 이해할 수 있는지 살펴볼 것이다. 죄에 대한 그런 이해가 우리를 죄의 고백과 용서로 이끌 수 있을지와 같은 문제들도 함께 고찰할 것이다.

하마르티아

신약성경에서 "죄"를 의미하는 대표적인 단어는 **하마르티아**(ἁμαρτία)와 그 동계어들(ἁμαρτάνω, ἁμάρτημα, ἁμαρτωλός)이다. 이 단어들을 모두 합치면 신약성경 전체에서 약 260회 이상 사용되었다. 이것은 다른 단어들보다 월등히 높은 빈도수다.

하마르티아의 어원은 확실히 밝혀지지 않았다. 하지만 그리스어로 쓰인 가장 오래된 문헌들에서 이 단어는 활이나 창 따위로 무언가를 조준하여 쏠 때 "과녁을 벗어나다"라는 의미로 사용되었다. 그리고 이로부터 다른 의미들이 파생되었다. 이를테면, "기준에 못 미치다", "기대를 저버리다", "실패하다", "결핍되다" 등과 같은 의미들인데, 이것들은 악의를 품고 법을 어기거나 다른 이를 해치는 행동이라기보다 어쩔 수 없는 상황에서 혹은 능력이나 의지의 부족 때문에 저지르게 된 잘못을 뜻한다. 반면, 신약성경에서 **하마르티아**와 그 동계어들은 하나님께서 정하신 율법에서 벗어난 개별적인 악행 혹은 총체적인 죄성(罪性)을 가리킨다는 점에서 일반 그리스어 사용자들의 용례와 차이가 있다.

하마르티아가 이렇게 엄밀하고 명확한 죄악을 지칭하게 된 데는 구약성경 칠십인역의 영향이 크다. 칠십인역은 히브리어로 쓰인 구약성경을 그리스어로 번역한 것인데, 이 안에서 그리스어 동사 **하마르타노**는 250회 이상, 명사 **하마르티아**와 **하마르톨로스**("죄인")는 각각 500회와 150회 이상 나타난다. 그 대부분은 히브리어 동사 **하타**와 명사 **하타트**의 번역어이다. **하타**와 **하타트**는 구약성경에서 "죄"를 의미하는 가장 일반적인 단어로 총 595회 나온다. 부지불식간에 지은 죄나 실수를 포함해서 하나님께서 정하신 법을 어기는 행위, 그로 인한 죄책, 그리고 하나님과의 언약 관계를 깨뜨리는 총체적인 삶의 태도들까지 모두 **하타**의 뜻에 포함된다.

하타 외에도 죄와 관련된 다른 히브리어 단어들도 종종 그리스어 **하마르티아**로 번역되었다. 예를 들어, 히브리어 명사 **아본**은 본래 "구부리다", "휘어지다"라는 의미에서 파생되어, 하나님의 뜻을 뒤틀고 그 뜻을 집요하고도 교묘하게 거스르는 행동을 지칭한다. 또한 히브리어 동사 **파샤**는 반역하거나 대드는 의도적인 관계 파괴 행위를 뜻하고, **라샤**는 사악하고 부도덕한 의지, 성향, 태도와 그로부터 나오는 행동을 가리킨다. 명사 **마알**은 특별히 쌍방 관계에서 이루어지는 배신, 반역, 불신실한 행동을 가리킨다. 이런 히브리어 단어들이 칠십인역에서 흔히 **하마르티아**와 그 동계어들로 번역되었기 때문에, 칠십인역을 하나님의 말씀으로 여겨 신앙 생활의 토대로 삼았던 초기 그리스도인들에게 **하마르티아**는 하나님을 거슬러 행하는 죄를 포괄적으로 의미하게 되었다.

죄에 대한 네 가지 신학적 명제

하마르티아와 그 동계어로 표현된 죄는 크게 네 가지 범주로 구분된다.

첫째, 각 개인이 행하는 개별 행동으로서의 죄다. 모세 율법의 개별 조항을 위반하거나 혹은 성경과 인간 본성을 통해 드러난 하나님의 뜻을 어기는 행동 하나, 하나가 모두 **하마르티아**다(롬 14:23). 각자가 범한 죄의 종류와 횟수, 심각성의 정도는 다르겠지만 죄를 범했다는 사실에 있어서는 모든 인류가 같은 처지에 있다(롬 3:23).

> 모든 사람이 죄를 범하였으매 하나님의 영광에 이르지 못하더니
> (롬 3:23)

아담 이래 모든 사람이 죄를 지었다. 하지만 죄가 보편적으로 관찰된다고 해서 누구나 반드시 죄를 지을 수밖에 없다고 말해야 하는가? 아담 이래로 그 누구도 죄를 짓지 않을 자유

를 갖지 못하는가? 아담이 지은 죄에 대한 책임과 형벌이 모든 사람에게 미치는가? 이런 물음은 이른바 '원죄' 교리를 통해 대답되어 왔다. 이것은 두 가지 관념으로 이루어져 있다. 아담이 지은 죄에 대한 책임과 형벌이 모든 사람에게 전이되었다는 관념(연대 책임), 그리고 죄를 지을 수밖에 없는 본성이 아담에게서 전 인류에게로 유전된다는 관념이다(인간 본성의 선천적이고 전적인 타락). 하지만, 이 두 가지 관념은 성경에 명확히 나타난다기보다는 유추를 통해 내릴 수 있는 결론일 뿐이다(창 3장; 시 51:5; 롬 5:12-21).

더욱이 그것과 상반되는 가르침들이 성경 곳곳에서 발견된다. 예를 들어, 성경에서 죄는 본성보다는 개별 행위로서 다루어진다. 구약성경에서 속죄 제사가 그러하고, 신약성경에서 구원에 이르는 회개가 그러하다. 그리스도인은 아담으로부터 물려받은 죄책이나 인간의 죄악된 본성을 회개하는 것이 아니라, 각자 지은 개별적 죄를 고백하고 돌이켜야 한다. 또한 최후의 심판대 앞에서 각 사람의 영원한 운명을 결정하는 것은 아담이 지은 죄에 대한 책임이나 그가 물려 준 죄성이 아니다. 성경에 상정된 심판은 "각자 그 몸으로 행한[대로]" 받는 심판이다(고후 5:10; 계 20:12).

이는 우리가 다 반드시 그리스도의 심판대 앞에 나타나게 되어 각각 선악간에 그 몸으로 행한 것을 따라 받으려 함이라 (고후 5:10)

둘째, 인간의 본성 전체가 전적으로 사악한지에 관해서는 여러 신학적 입장이 있겠지만, 죄가 인간이 실제로 행한 언행만이 아니라 의도와 욕망의 차원에도 작용한다는 점은 분명하다. 죄악된 행동은 죄악된 생각, 의도, 욕망의 결과다. 예수님께서 하신 말씀처럼 악한 나무가 악한 열매를 맺는다(마 7:16-18; 12:33). 또한 설사 행동으로 옮기지 않았더라도 마음속에 품은 음욕이나 살의만으로도 하나님의 심판의 대상이 된다(마 5:21-22, 27-28). 사람의 마음에서 나오는 것이 사람을 "더럽[힌다]"(마 15:18).

하지만 인간 내면에 죄악된 욕구가 있다는 말과, 모든 인간이 죄를 지을 수밖에 없는 처지에 놓여 있다는 말은 다른 것이다. 예를 들어, 유대교에서는 전통적으로 인간이 창조될 때부터 그 내면에 두 가지 상반되는 본성이 공존한다고 본다. **예쩨르 하토브**(선한 경향성)가 있는가 하면 **예쩨르 하라**(악한 경향성)가 있다. 하나님께서는 에덴에서 이미 쫓겨난 인간인 가인에게 "선을 행하지 아니하면 죄가 문에 엎드러 있느니라. 죄가 너를 원하나 너는 죄를 다스릴지니라"(창 4:7)라고 말씀하셨다. 타락 후에도 인간은 선과 죄, 두 가지 가능성에 노출되어 있는 것이다. 인간은 죄의 욕망을 다스릴 수 있고, 또한 다스려야 한다.

셋째, 앞서 언급한 두 가지 면모의 결과로 죄를 지은 인간은 **하마르톨로스**("죄인")로 간주된다. 이 단어는 어떤 구체적인 죄를 범한 개인을 가리키기도 하지만, 하나님을 거스르고 자족적인 존재인 양 살아가는 사람을 통칭하는 경우가 더 많다. 즉, 단순히 죄를 범한 자가 죄인이 아니라 하나님이 계신다는 사실, 하나님께서 죄를 심판하신다는 사실을 부정하는 사람이 죄인이다. 이때 "죄"는 불경건함 혹은 불신앙과 거의 동의어다. 하지만 역설적으로 자신이 죄인임을 인정하는 사람은 하나님의 자비와 은혜의 수혜자가 된다. 어차피 모든 사람이 죄인이다. 그런데 사람들과 하나님 앞에서 스스로 죄인이 아닌 척 위선을 행하는 것은 두 가지 면에서 하나님의 자비에서 배제될 만큼 중대한 죄가 된다. 즉, 위선자는 자신의 위선을 감추기 위해 혹은 자신의 이익을 극대화하기 위해 다른 사람들을 "죄인"으로 몰아 정죄하고 공격하며 불이익을 준다. 또한 위선자는 하나님 앞에서도 자신이 쓴 가면을 쉽게 벗지 못한다. 그것은 결국 하나님을 속이는 것이고 업신여기는 것이다(갈 6:7).

한편, "죄인"의 의미를 더 명확하게 이해하기 위해 그 반대말(혹은 상대 개념)인 "의인"을 고려할 필요가 있다. 주의할 점은 "죄인"의 경우 죄를 지은 사람을 의미하지만 "의인"은 죄를 전혀 짓지 않은 사람이 아니라는 점이다. 구약성경에서부터 이어지는 "의인"이라는 단어는 하나님께 순종하는 삶의 방향성을 가진 사람을 가리킨다(창 6:9; 18:23-28; 욥 32:1; 시 1:5-6 등). 신약성경 곳곳에도 이 세상에 "의인"이 존재함을 전제로 하는 구절이 많다(마 10:41; 13:49; 25: 37; 약 5:16; 벧전 3:12; 4:8). 그중 대부분이 예수 그리스도를 믿음으로 하나님의 은혜에 의해 "의인"으로 인정된 경우에 해당하지만, 그럼에도 명백하게 예수님을 알지 못한 상태에서 "의인"이라고 지칭된 사람들이 없는 것은 아니다(눅 1:6; 행 10:22). 즉, 성경에서 "의인"과 "죄인"은 개별 율법이나 도덕률을 어겼는지에 관한 여부로 판별되는 엄밀한 법률 용어가 아니다. 또한 기독교 신앙 고백과 세례 여부로 판별되는 순전히 신학적인 개념도 아니다. "의인"과 "죄인", 두 용어는 전반적인 삶의 지향이 하나님의 선하신 뜻에 부합하는지의 여부를 기준으로 하여, 느슨하고 포괄적으로 적용된다.

넷째, 성경에는 죄의 독특한 범주가 나타난다. 그것은 죄를 인간을 둘러싼 모종의 세력, 혹은 영향력으로 파악하는 것이다. 겉으로 보기에 죄를 짓는 주체는 인간이며, 죄를 짓고자 하는 욕망도 인간의 것이다. 하지만 인간은 사회 안에서, 즉 정치·경제·문화적 정황 안에서 살아가기에, 개인의 주체적 의지나 능력 바깥에서 작용하는 힘이나 원리의 영향을 받는다.

현실의 시공간과 병행하는 또 다른 세계의 질서와 행위자들과 사건들이 우리가 사는 현실 세계에 영향을 미친다고 하는 관점을 '묵시적 세계관'이라 하는데, 이것은 요한계시록뿐만 아니라 신약성경 전반에 스며들어 있다. 특히 로마서 5-8장에서 바울은 묵시적 세계관을 피력하면서 인간을 '주장하고' 노예로 삼는 세력으로서 "죄"(Sin)를 묘사한다. 바울이 어떤 물리적 존재를 상정했을리는 만무하다. 영적 존재로서 어떤 실체(예를 들어, 사탄)를 "죄"라고 불렀을 수 있다. 아니면 죄의 사회적·구조적 성격을 간파한 것일 수 있다. 또한 죄가 인간의 심리와 사고방식, 행동 방식에 미치는 영향이 워낙 부정적이고 심대하기 때문에 시적이고 수사적 언어로 의인화한 것이라고 이해할 수도 있다.

파라바시스

신약성경에서 "죄"를 의미하는 단어는 **하마르티아** 말고도 여러 개가 있다. 먼저 누군가 어떤 구체적인 법조문이나 규정을 어겼을 때, 그런 행동을 가리켜 **파라바시스**(παράβασις)라고 한다. 동사 **파라바이노**(παραβαίνω)의 경우 "옆으로"라는 뜻의 전치사와 "가다"라는 뜻을 가진 동사의 합성어인데, 신약성경 이전 그리스 문헌에서는 대개 "건너가다", "넘어가다" 등을 의미했다. 신의 법을 어기는 행위를 이 동사가 표현하는 경우가 드물게 나오긴 하지만 그런 뜻의 명사형은 전혀 나오지 않는다. 즉, 구체적인 행동을 규정한 법을 하나의 경계 혹은 울타리라고 상정한다면, 그것을 넘어갔을 때 위반, 위법, 불법 등의 의미가 될 것이다. 하지만 성경 외 그리스 문헌에서는 그런 용례가 없고, 신약성경에서 명사 **파라바시스**가 그런 의미를 표현하기 시작했다.

특히 바울에게 있어서 이 단어가 중요하다. 바울은 율법주의자들과의 논쟁에서 토라의 구체적 규정들을 어긴 행동("율법을 범하다", 롬 2:23, 25, 27; 4:15; 5:14)을 지칭할 때 **파라바시스**를 사용했다. 바울은 이 단어를 통해 막연한 잘못이나 죄가 아니라 모세 율법에 구체적으로 규정된 것들을 어길 수밖에 없는 신학적 딜레마를 표현하고자 했다. 바울에 따르면, 율법은 구원의 해결책이 될 수 없다. 인간은 하나님이 주신 율법을 지키지 못하기 때문이다. 그렇다면 구원을 위해서는 다른 해법이 필요하다. 바로 그리스도의 대속적 죽음이다.

파랍토마

신약성경에서 "죄"를 뜻하는 또 다른 중요한 단어는 **파랍토마**(παράτωμα)다. 동사 **파라핍토**(παραπίπτω)는 "옆으로"라는 전치사와 "넘어지다"라는 동사가 결합된 복합동사다. 용례 상으로 보면 고대 그리스 문헌에서 이 단어는 배가 항해 중에 본래 가기로 되어 있던 "경로에서 벗어나다"라는 의미를 나타낸다. 그리고 여기에서 의미가 발전하여 "정확하고 바른 판단에서 벗어나다", "실수하다", "잘못을 범하다" 등의 의미를 갖게 되었다. 구약성경 칠십인역에서는 히브리어 마알("불신실하게 행동하다", "사악하게 행동하다")의 번역어로 자주 쓰였다.

특이한 점은 바울이 이 단어를 인류의 첫 범죄를 묘사하는 데 썼다는 사실이다. 로마서 5:15-20에서 **파랍토마**는 여섯 차례에 걸쳐 아담이 에덴동산에서 범한 죄를 지칭한다. 어원과 용례를 고려할 때, "넘어짐", "일탈", "잘못" 정도의 의미를 나타낸다. 우리말 "범죄"는 단순히 '죄를 범했다'라는 뜻만이 아니라 구체적인 실정법 조항을 어겨서 민형사상 처벌의 대상이 되는 행위를 가리킬 수 있어서 **파랍토마**의 번역어로는 다소 과한 측면이 있다. 그렇다고 **파랍토마**라는 단어가 아담의 행위가 심각하지 않다는 뜻을 표현하는 것은 아니다. 오히려 그 죄의 결과로 무너짐 혹은 넘어짐의 상황이 총체적이고 포괄적이었음을 의미한다. 아담은 단지 금지된 과일 하나를 따먹은 것이 아니라, 하나님과의 관계 곧 하나님 앞에서 자신의 정체성을 인식하는 문제에 있어서 올바름을 벗어나 넘어졌다. 더욱이, 그 자신만 넘어진 것이 아니라 전 인류가 하나님의 생명에서 이탈하게 되었다.

오페일레마

신약성경에는 "죄"를 표현하는 단어 중 **오페일레마**(ὀφείλημα)는 그렇게 자주 나오지는 않지만 죄에 대하여 독특한 의미를 더해준다. **오페일레마**는 "빚"과 "채무"라는 뜻으로 금전 거래 관계뿐만 아니라 타인에게 끼친 각종 손해에 대한 배상을 가리켰다. 그것은 본래 금전적 채권, 채무 관계에서 "빚지다"라는 의미를 가지는 동사 **오페일로**(ὀφείλω)에서 파생했다. 그 동사는 의미가 확장되어서 인간으로서 요구되는 마땅한 도리, 혹은 당위적 행동을 표현하기도 했다. 다시 말해, 형사 처벌을 받을 만한 행동, 또 손해를 끼친 것에 대해 보상이 요구되는 행위를 가리키면서도, 다른 한편으로는 처벌이나 보상까지는 요구받지 않는 관습적이거나 관념적인 의무와 책임을 가리키기도 한 것이다. 더 광범위하게 어떤 상태가 되기를 바란다는 희망의 의미를 이 동사로 표현하는 경우도 있었다.

유신론적 세계관이 지배하던 고대 사회에서 의무는 사람을 상대로 하는 데 그치지 않고 종종 신들에 대해서도 발생했다. 어떤 신에게 어떤 제물을 바쳐야 한다는 개념 혹은 어떤 행동을 통해 신이 베푼 은전을 되갚아야 한다는 개념이 **오페일로**와 그 동계어들을 통해 표현되었다. 하지만 구약성경에서는 그렇지 않았다. 금전적인 채무 관계를 하나님에 대한 죄책으로 확장하는 용례는 적어도 히브리어 성경에는 나오지 않는다. 이는 구약신학의 틀 안에서 하나님과의 관계를 상거래의 일환으로 파악하는 것에 대한 거부감이 작용한 결과일 수도 있다. 다만, 제2성전기 이후 아람어로 번역된 구약성경(탈굼)과 랍비들의 문헌에서 "빚지다" 혹은 "채무"를 뜻하는 단어들이 하나님께 대한 죄를 의미하는 데까지 나아간 용례들이 나타난다.

신약성경에서 **오페일레마**와 그 동계어들은 총 47회 나온다. 그중 금전적인 채무를 뜻하는 경우는 오히려 적고, 인간 관계나 사회에서의 책무, 심지어 신학적인 의미에서 하나님의 섭리를 표현하는 경우가 대부분이다. "죄"와 관련해서 주목할 만한 용례는 다음의 세 본문이다.

첫째, 마태가 기록한 주의 기도에서 다섯 번째 청원으로 제시된 죄 용서의 간구다.

> 우리가 우리에게 죄 지은 자를 사하여 준 것 같이 우리 죄를 사하여 주시옵고 (마 6:12)

여기서 "죄"로 번역된 그리스어는 **하마르티아**가 아니라 **오페일레마**다. 또한 "죄지은 자"로 번역된 그리스어 단어는 **하마르톨로스**가 아니라 **오페테스**다. "사하다"로 번역된 동사 **아피에미**(ἀφίημι)의 어원적 의미는 "풀어주다", "놓아주다"이기 때문에 "빚을 탕감하다"라는 뜻이 "용서하다"보다 더 우선적이다. 따라서 이 구절을 직역하면 "우리의 빚을 탕감해 주소서. 우리가 우리의 채무자들을 탕감해 준 것처럼"이 되어야 한다. 누가 버전의 주의 기도(눅 11:4)에는 **하마르티아**가 나오지만, 하반절에는 **오페일로** 동사(의 분사형)가 나타난다. 이것을 미루어 볼 때, 마태의 버전이 어휘에 있어서 더 일관성이 있다고 할 수 있다.

둘째, 마태복음에만 기록된 예수님의 가르침 중에서 죄 용서를 채권과 채무 관계에 빗댄 본문이 또 있다. 바로 마태복음 18장에 나타나는 예수님의 비유다.

²³ 그러므로 천국은 그 종들과 결산하려 하던 어떤 임금과 같으니 ²⁴ 결산할 때에 만 달란트 빚진 자 하나를 데려오매 ²⁵ 갚을 것이 없는지라 주인이 명하여 그 몸과 아내와 자식들과 모든 소유를 다 팔아 갚게 하라 하니 ²⁶ 그 종이 엎드려 절하며 이르되 내게 참으소서 다 갚으리이다 하거늘 ²⁷ 그 종의 주인이 불쌍히 여겨 놓아 보내며 그 빚을 탕감하여 주었더니 … ³³ 내가 너를 불쌍히 여김과 같이 너도 네 동료를 불쌍히 여김이 마땅하지 아니하냐 하고 ³⁴ 주인이 노하여 그 빚을 다 갚도록 그를 옥졸들에게 넘기니라 ³⁵ 너희가 각각 마음으로부터 형제를 용서하지 아니하면 나의 하늘 아버지께서도 너희에게 이와 같이 하시리라 (마 18:23-35)

베드로가 형제에 대한 죄 용서의 한계를 물었을 때, 예수님은 "일곱 번을 일흔 번까지"(마 18:22) 용서하라고 대답하신 후 이 '빚진 자의 비유'(18:23-35)를 덧붙이신다. 이 비유에서 왕은 자신에게 일만 달란트를 빚진 종을 탕감해 준다. 하지만 그 종은 자신에게 백 데나리온(자신이 탕감받은 금액의 1/600,000에 해당)을 빚진 자신의 친구가 그 빚을 갚지 못했다는 이유로 감옥에 쳐 넣는다. 그 소식을 들은 주인은 그 종을 잡아다가 마찬가지로 옥졸들에게 넘긴다. 예수님은 "너희가 각각 마음으로부터 형제를 용서하지 아니하면 나의 하늘 아버지께서도 너희에게 이와 같이 하시리라"(마 18:35)는 결론을 통해 신적 용서의 은총을 받은 사람은 다른 사람을 용서할 책무가 있음을 가르치신다.

셋째, 죄와 죄 용서를 채무와 탕감에 빗댄 또 다른 비유가 누가복음에 나온다(눅 7:36-50).

> ³⁶ 한 바리새인이 예수께 자기와 함께 잡수시기를 청하니 이에 바리새인의 집에 들어가 앉으셨을 때에 ³⁷ 그 동네에 죄를 지은 한 여자가 있어 예수께서 바리새인의 집에 앉아 계심을 알고 향유 담은 옥합을 가지고 와서 … ⁴⁰ 예수께서 대답하여 이르시되 시몬아 내가 네게 이를 말이 있다 하시니 그가 이르되 선생님 말씀하소서 ⁴¹ 이르시되 빚 주는 사람에게 빚진 자가 둘이 있어 하나는 오백 데나리온을 졌고 하나는 오십 데나리온을 졌는데 ⁴² 갚을 것이 없으므로 둘 다 탕감하여 주었으니 둘 중에 누가 그를 더 사랑하겠느냐 ⁴³ 시몬이 대답하여 이르되 내 생각에는 많이 탕감함을 받은 자니이다 이르시되 네 판단이 옳다 하시고 … ⁴⁷ 이러므로 내가 네게 말하노니 그의 많은 죄가 사하여졌도다 이는 그의 사랑함이 많음이라 사함을 받은 일이 적은 자는 적게 사랑하느니라 ⁴⁸ 이에 여자에게 이르시되 네 죄 사함을 받았느니라 하시니 (눅 7:36-50)

예수님은 갈릴리 지역의 바리새인 시몬의 집에 초대를 받으셨다. 그런데 갑자기 그 자리에 죄가 많은 여자가 나타나 예수님에게 기름을 붓는다. 시몬은 그런 여자의 행동을 못마땅해 한다. 그러자 시몬을 향해 예수님께서는 오백 데나리온을 빚진 채무자와 오십 데나리온 빚진 채무자가 모두 탕감받는다면 빚을 탕감해 준 채권자에 대해 둘 중 누가 더 사랑하는 마음을 갖겠느냐는 질문을 던지신다. 즉, 바리새인으로서 "의인"임을 자처하는 시몬이나, 자타공인 "죄 많은" 여자나 모두 하나님께 빚진 자인데, 오히려 더 많이 빚진 자가 죄를 용서하시는 하나님의 은총에 더욱 감사하며 하나님을 더욱 사랑하지 않겠느냐고 가르치신 것이다.

이 세 본문에서 예수님께서 죄를 채무에 비유하신 이유가 무엇일까? 일단 이미 제2성전기 유대교 안에서 그런 수사적 관행이 확립되었기 때문에 당시 청중과 복음서 독자들에게 채무 비유는 자연스럽게 받아들여질 수 있었을 것이다. 더 나아가 "빚"이라는 심상은 죄책이 구체적이고 실제적이라는 점을 부각시킨다. 채무처럼 죄는 시간이 지난다고 잊히거나 저절로 사라지지 않는다. 그것은 죽을 때까지, 심지어 죽음 너머까지도 우리를 옭아맨다. 금전출납부의 대변에 채무 내역이 정확히 기재되어 있으면 특정한 때에 반드시 그 청산을 요구받듯이, 죄의 형벌은 정해진 때에 엄정하고 철저하게 집행될 것이다. 이와 같은 상황에서 하나님의 용서는 우리가 되갚을 수 없는 채무를 탕감해 주신 것과 같다. 그리고 그것은 구체적이고 실제적인 효력을 지닌다. 바울서신을 보면, 우리가 지은 죄의 내역이 기록된 문서가 있지만, 하나님께서 사죄의 은총을 통해 그 문서를 제거하셨다는 표현이 나오기도 한다.

> 하나님께서는 우리에게 불리한 조문들이 들어 있는 빚문서를 지워 버리시고, 그것을 십자가에 못박으셔서, 우리 가운데서 제거해버리셨습니다. (골 2:14, 새번역)

더러운 죄

신약성경에는 지금까지 살펴본 하마르티아, 파라바시스, 파랍토마, 오페일레마로 포괄되지 못하는 독특한 죄 개념이 있다. 그것은 바로 "부정"(不淨)으로서의 죄다. 철학적으로 말하면, "더러움"은 악함 혹은 죄와는 완전히 다른 범주에 속한 개념이다. 전자가 제의적, 미학적, 보건학적 용어라면 후자는 도덕적, 법률적 용어이다. 거룩함이 곧 도덕적 선을 의미하지는 않으며, 그것의 반대 개념은 악함이 아니라 "속됨"이다. 제의적 정결(혹은 부정)과, 도덕적 정결(혹은 부정)의 엄밀하고 분명한 구분은 구약성경에 나온다. 구약성경에서 히브리어로 거룩함을 표현하는 어근(코데쉬)은 "구별됨", "분리됨"이라는 의미를 가지고 있다. 더 구체적으로는 하나님에게 속한 것이 곧 거룩한 것이며, 그것이 **제의적 정결**(ritual purity)의 핵심이다. 예를 들어, 낙타, 사반, 토끼, 돼지 등은 이런저런 이유로 이스라엘 백성에게 "부정"(impurity)하다. 부정하다고 규정된 것을 먹는 사람은 스스로 더럽혀 부정하게 되고 그런 동물들의 사체와 접촉한 사람은 당일 저녁까지 부정하게 된다. 부정에서 해제되려면 옷을 빨고 저녁까지 기다리면 된다. 출산한 여자, 몇 가지 피부병, 옷에 생기는 곰팡이, 월경 등도 사람을 부정하게 한다(레 11-14장). 하지만 그중 어떤 것도 "죄"로 간주되지 않으며, 따라서 회개나 속죄가 필요 없다.

반면에, 하나님께서 부여하신 계명을 위반하는 행위들은 **도덕적 부정**(moral impurity) 즉, 죄를 발생시킨다. 도덕적 부정은 제의적 부정과 다른 방식으로 처리되어야 한다. 빨래나 목욕, 시간이 죄(책)를 소멸시키지 못한다. 대부분의 죄는 율법에 규정된 대로 특정한 짐승을 죽여서 그 피를 제단에 쏟거나 뿌리고, 고기 혹은 다른 부위들을 태우는 등의 방식으로 대속될 수 있다. 속죄되지 않은 죄, 그리고 속죄로 해결할 수 없는 중한 죄(살인, 간음, 우상숭배)를 저지른 개인은 이스라엘 백성 중에서 끊어져야 했다. 또한 집단으로 범한 죄는 그들이 거주하는 땅을 더럽혔다. 그것이 일정한 정도를 넘으면 "땅도 스스로 그 주민을 토하여" 냈다(레 18:24-30).

제의적 정결과 부정의 개념은 신약 시대 유대 사회에서 여전히 유통되고 있었다(막 7:3-4; 요 18:28; 행 10:9-16). 하지만 신약성경 저자들과 원독자들은 예수님의 가르침에 따라 교조화되고 형식화된 제의적 정결 개념을 과감하게 상대화했다. 그리고 제의적 언어를 사용해 죄와 죄책, 죄인들을 묘사했다. 놀랍게도 유대인이었던 예수님께서는 공적 사역 중에 제의적 부정에 노출되는 것을 아랑곳하지 않으셨고 도리어 인간의 고통과 아픔을 치유하는 데에 집중하셨다(막 5:25-34; 7:33; 8:22-26). 또한 제의적 부정의 언어를 도덕적 부정의 현실에 대입하셨다(막 7:15-23; 마 23:25-26).

바울은 "죄", 특히 성적 부도덕을 "더러움"으로 표현했는데(고전 3:17; 15:33; 고후 12:21; 딛 1:15), 다른 신약 저자들도 자주 죄와 더러움을 등치시켰다(히 7:26; 12:15; 약 3:6; 유 1:8; 계 3:4; 14:4; 18:2; 19:2; 22:11). 반대로 바울은 "의"를 법률적 혹은 철학적으로 서술하기보다 "거룩함"과 "흠 없음"으로 설명하기를 즐겨했다(엡 1:4; 5:27; 빌 2:15; 3:6; 골 1:22; 살전 2:10; 3:13; 5:23; 딤전 6:14).

신약성경에서 죄 개념은 여러 그리스어 단어들이 가진 다채로운 의미를 포괄한다. 하지만 각 단어의 어원적, 본래적 의미는 고정불변한 것이 아니다. 구약 시대, 제2성전기, 신약 시대로 넘어가면서 각 단어들의 의미가 확장되거나 소멸하였다.

몇 가지 그리스어 단어들만으로 설명하기에는 신약성경 속 죄 개념이 너무 포괄적이고 다층적이다. 따라서 입체적일 수밖에 없는 죄 개념을 납작하게 만들어 특정 교리 안에 집어넣으려는 시도는 오히려 성경이 가르치는 죄를 제대로 파악하지 못하게 만들 수 있다.

6장_영혼

인간은 무엇으로 이루어져 있는가?

　기독교적 혹은 성경적 관점에서 인간은 영과 혼과 육, 세 가지 요소로 이루어져 있는가? 아니면 영혼과 육체, 이렇게 두 가지 요소로 이루어져 있는가? 또한 각 요소 간의 관계는 어떠한가? 무엇보다도 중요한 질문은 이것이다. 인간이 무엇으로 구성되어 있는지를 아는 것이, 그리고 각 요소 간의 관계를 아는 것이 우리의 신앙과 예배, 그리고 선교에 어떤 유익을 가져다 주는가?

쏘마와 싸륵스

먼저 **몸**에 대해 살펴보자. 신약성경에서 몸, 육신, 육체를 가리키는 말은 두 개다. 하나는 **쏘마**(σῶμα)고 다른 하나는 **싸륵스**(σάρξ)다. 둘 다 신약성경 전체에서 각각 147회씩 사용되었다. **쏘마**의 경우 공관복음, 요한문헌, 사도행전, 바울서신, 공동서신, 요한계시록에 나타난다. 그중 3분의 2가 바울서신에 나타나고, 특히 고린도전서에 집중되어 나타난다(46회). 우리말 역본에서 **쏘마**는 대개 "몸"이라고 번역된다. 사복음서의 수난 기사나 다른 몇몇 본문에서 "시체"를 가리키는 용례로도 나타나고, 드물게 "육체"라고 번역되기도 했지만(요 2:21; 히 13:11), "몸"이라고 번역된 구절이 압도적으로 많다.

"몸"은 일차적으로 인간의 생물학적 혹은 물리적 존재 방식을 가리킨다. 특정한 시공간에서 활동하는 인간의 존재 자체를 "몸"이라고 부른다. 더 나아가 순수한 육체를 넘어 인간 전체를 가리키기도 한다. 예를 들어, "눈은 몸의 등불이니 그러므로 네 눈이 성하면 온몸이 밝을 것이요"(마 6:22)에서 몸은 단순히 신체를 말하는 게 아니다. 또한 히브리서에서 예수 그리스도가 "몸"을 단번에 드리심으로 우리가 거룩함을 얻었다고 말할 때(히 10:10), 그 몸은 육체적 몸뿐 아니라 그분의 신적

특권과 지위와 능력 모두를 포괄한다. 로마서 12:1에서 하나님께 산 제물로 드려야 한다고 표현되는 "너희 몸"도 마찬가지다. 이는 인간의 신체만이 아니라, 정신과 감정과 이성과 의지 등 존재 전체를 하나님께 드려야 한다는 의미이다. 따라서 인간은 "몸을 가진 존재" 혹은 "몸으로 이루어진 존재"가 아니다. 인간이 곧 "몸"이다.

대부분 용례에서 "몸"은 부정적인 뉘앙스를 지니지 않는다. 대개 중립적이며 때로는 긍정적인 의미를 전달하기도 한다. 이를테면, 부활하신 예수님의 "몸"(빌 3:21)처럼 모든 신자도 종말에 부활을 통해 최종적으로 "신령한 몸"을 취할 것이다(고전 15:44). 또한 비유적으로 "몸"이 여러 지체를 지닌 유기적 통합체로서 하나 된 교회를 표현하기도 한다(롬 12:4-5; 엡 4:4, 12, 16).

하지만 간혹 "몸"에 부정적인 의미가 덧붙여지기도 한다. 예를 들어, 다음과 같은 구절을 보자.

> 그러므로 하나님께서 그들을 마음의 정욕대로 더러움에 내버려 두사 그들의 몸을 서로 욕되게 하게 하셨으니 (롬 1:24)

"몸"은 본질적으로 더럽거나 욕되지 않지만, 정욕에 빠지거나 더러워지면 욕된 상태가 될 수 있다. 이러한 개념은 "죄의 몸"(롬 6:6), "사망의 몸"(롬 7:24), "몸은 죄로 말미암아 죽은 것"(롬 8:10)과 같은 표현에서도 엿볼 수 있다.

싸륵스(σάρξ)는 **쏘마**와 꽤 다른 뜻을 가지고 있다. **싸륵스**는 **쏘마**보다 더 뚜렷하고 명백하게 인간의 몸이 지닌 물질성을 표현한다. 식욕이나 성욕 같은 기본적인 욕구가 발현되는 곳, 부자 관계나 친척 같은 혈연이 맺어지는 곳이 바로 **싸륵스**다. **싸륵스**를 지닌 인간은 연약하고 욕정에 기울어 있으며 죄에 노출되어 있다. **싸륵스**로 인하여 인간은 병들고, 다치고, 피곤을 느끼고, 죽는다.

바울서신에서 **싸륵스**는 단순히 병적 욕망, 혹은 죄를 짓고자 하는 욕구가 발현되는 장소에 그치지 않는다. 하나님을 거슬러 말하고 생각하고 행동하는 인간의 내면 혹은 경향성 자체를 가리켜 바울은 **싸륵스**라고 부른다.

> [5] 육신(**싸륵스**)을 따르는 자는 육신(**싸륵스**)의 일을, 영을 따르는 자는 영의 일을 생각하나니 [6] 육신(**싸륵스**)의 생각은 사망이요 영의 생각은 생명과 평안이니라 [7] 육신(**싸륵스**)의 생각은 하나님과 원수가 되나니 이는 하나님의 법에 굴복하지 아니할 뿐 아니라 할 수도 없음이라 (롬 8:5)

로마서에서 **싸륵스**는 자기중심적이며 하나님으로부터 동떨어져 자족적인 삶, 자기 의지대로만 사는 삶을 추구하는 것을 가리킨다(롬 8:5-8). 또한 갈라디아서에서 바울은 혈통과 관습에 따라 할례를 행하고 그것을 하나님 앞에서 의로움의 기준으로 삼는 갈라디아 교인들을 향해 다음과 같이 일갈한다.

> 너희가 이같이 어리석으냐 성령으로 시작하였다가 이제는 육체(**싸륵스**)로 마치겠느냐 (갈 3:3).

여기서 바울은 헛된 영광과 사람들의 인정을 추구하면서 음행을 비롯한 온갖 '육체의 일'을 행하는 이들에게 이렇게 경고한다

> ¹⁶ 내가 이르노니 너희는 성령을 따라 행하라 그리하면 육체(**싸륵스**)의 욕심을 이루지 아니하리라 ¹⁷ 육체(**싸륵스**)의 소욕은 성령을 거스르고 성령은 육체(**싸륵스**)를 거스르나니 이 둘이 서로 대적함으로 너희가 원하는 것을 하지 못하게 하려 함이니라 (갈 5:16-17)

이처럼 **싸륵스**는 단순히 인간의 생물학적 측면을 말하는

게 아니라, 성령을 거스르고 대적하는 인간의 죄악된 욕구와 경향, 그리고 가치관을 통칭한다. 다시 말해, 정욕과 탐심에 사로잡힌 정신과 생각 또한 **싸륵스**인 것이다.

싸륵스를 번역하기 위해 "육체", "육신", "육", "살", "혈육", "골육"과 같은 우리말 단어가 동원된다. 그중 "육체"는 바울이 "영"의 대립자로 내세운 악한 권세라는 의미로 자주 사용된다. 이보다 중립적인 의미로, 즉 그저 인간의 유한하고 연약한 물질성을 표현할 때는 "육(신)"과 같은 단어가 사용된다. 예를 들어, "말씀이 육신이 되어 우리 가운데 거하시매"(요 1:14)와 같은 경우가 그렇다. 히브리서에서도 예수 그리스도께서 취하신 인간 본성을 가리켜 **싸륵스**라고 표현했다(히 2:14; 10:20).

성만찬 장면을 보면 공관복음의 경우 예수님이 "이것은 내 몸(쏘마)이니라"(막 14:22)라고 말씀하시지만, 요한복음에서 예수님은 "내 살(싸륵스)을 먹[으라]"(요 6:53-56)라고 하셨다. 이처럼 성경 저자에 따라 단어가 지닌 일반적인 의미에 독특한 신학적 의미가 더해지기도 한다. **싸륵스** 역시 바울서신에서의 용례와 나머지 신약성경에서의 용례를 구분해서 볼 필요가 있다. 바울은 주로 구원받기 이전과 이후의 삶을 대조하면서 **싸륵스**에 특별한 신학적 의미를 덧붙여 사용했다. 이것은 일반적인 그리스어 용례들과 사뭇 다른 양상을 보인다. 따라서 바울서신의 싸르크스 용례를 신약성경 전체의 인간론에 적용함으로써, 육체 그 자체가 반-신앙적이라고 결론을 내리는 것은 성급한 일반화이다. 바울의 언어는 바울서신의 맥락 안에서, 요한의 언어는 요한복음과 요한서신의 맥락 안에서, 누가의 언어는 누가복음과 사도행전의 맥락 안에서 살펴야 한다. 다시 말해, 우리는 각 성경 저자의 신학에 따라 용어를 구분하여 보아야 한다.

프쉬케와 프네우마

이제 인간의 비물질적이고 내면적인 측면을 살펴볼 차례다. 신약성경에서 인간의 내면을 서술할 때 사용하는 단어는 여러 가지가 있다. 그중에서 흔히 "몸"과 대응 혹은 구분되어 자주 사용되는 두 단어, **프쉬케**(ψυχή)와 **프네우마**(πνεῦμα)를 살펴보자. 프쉬케는 신약성경에서 총 103회 나오며, 그중 약 65회가 복음서와 사도행전에 나온다. 바울서신에서 이 명사는 13회만 나오지만, 여기에 더해 형용사형(ψυχικός)이 고린도전서에 4회 나온다. 성경 외 일반 그리스어 문헌, 그리고 구약성경 칠십인역과 제2성전기 유대 문헌에서와 마찬가지로, 신약성경에서 **프쉬케**의 일차적이고 기본적인 의미는 생명 그 자체다.

> 누구든지 제 목숨(프쉬케)을 구원하고자 하면 잃을 것이요 누구
> 든지 나를 위하여 제 목숨(프쉬케)을 잃으면 찾으리라 (마 16:25)

다른 맥락에서 **프쉬케**는 사람의 내적 생명과 다양한 능력을 가리킨다.

> 내가 내 목숨(프쉬케)을 걸고 하나님을 불러 증언하시게 하노니
> 내가 다시 고린도에 가지 아니한 것은 너희를 아끼려 함이라
> (고후 1:23)

비록 『개역개정』이 "목숨"으로 번역하긴 했지만 여기 쓰인 **프쉬케**는 바울이 믿고, 소망하고, 노력한 모든 것, 즉 그의 인격 전체를 의미한다. 데살로니가전서에 나오는 바울의 고백에도 **프쉬케**가 "목숨"으로 번역되어 있다.

> 우리가 이같이 너희를 사모하여 하나님의 복음뿐 아니라 우리
> 의 목숨(프쉬케)까지도 너희에게 주기를 기뻐함은 너희가 우리
> 의 사랑하는 자 됨이라 (살전 2:8)

하지만 데살로니가에서 바울과 그의 동역자들 중 누구도

실제로 목숨을 나누어 준(즉, 데살로니가 교인들을 위해 대신 죽은) 일은 없었다. 몇몇 영어 역본들이 "our own selves"라고 옮긴 것처럼, 여기서 **프쉬케**는 "목숨"이 아니라 그들의 온 정력, 정성, 관심을 의미한다. 이처럼 인간을 구성하는 여러 요소 중 하나로만 **프쉬케**를 볼 수 없게 만드는 용례가 신약성경 곳곳에서 발견된다(행 4:32; 14:2; 엡 6:6; 골 3:23; 히 6:19; 10:39; 12:3).

한편, **프쉬케**가 **프네우마**와 사실상 구분되지 않고 복음을 믿어 하나님이 주시는 구원을 받아 누리는 주체로서의 "영혼"이라는 의미로 사용되기도 한다(히 10:39; 13:17; 약 1:21; 5:20). 이를테면, 마리아가 엘리사벳을 만났을 때, "마리아가 이르되 내 영혼이 주를 찬양하며 내 마음이 하나님 내 구주를 기뻐하였[습니다]"(눅 1:46-47)라고 찬양하는데, 여기에서 "마음"이라고 번역된 **프쉬케**는 사실상 "영혼"(πνεῦμα[프네우마])과 동일한 의미를 지닌다.

신약성경에서 "영혼"이라고 가장 흔하게 번역되는 단어는 **프네우마**(πνεῦμα)다. 이 명사는 약 379회 나오며, 바울의 저작(145회)과 누가의 저작(누가복음 36회, 사도행전 70회)에 가장 많이 쓰였다. **프네우마** 앞뒤에 '하나님의' 또는 '거룩한'과 같은 수식어가 붙어서 명백히 '성령'을 가리키는 경우도 있고, 반대로 "악한 영" 혹은 "더러운 영"처럼 사탄을 가리키는 경우도 있다. 하지만 아무런 수식어도 붙지 않고 관사만 붙거나 혹은 관사도 없이 **프네우마**만 쓰인 경우가 대부분이다.

문맥상 인간 개인이 지니고 있거나 인간 존재를 환유법적으로 지칭하는 경우는 40회 정도 나타난다. 이때 인간의 영이 지닌 가장 우선적인 속성은 하나님과 직접 소통하고 상호작용하는 것이다. 하나님의 말씀과 활동을 전파에 비유하자면, 하나님께서 보내신 전파를 감지하고 받아들여서 반응하는 인간의 기제가 바로 **프네우마**이다. 따라서 인간의 영을 지칭하는 용례들이라고 하더라도 자세히 들여다 보면, 인간의 영이 자기의 능력을 가지고 자발적으로 하나님을 찾고, 추구하고, 발견해서 믿는다기보다는, 성령이 오셔서 인간의 영을 자극하고 도전하고 격려하심으로써, 즉 성령의 감동을 받은 인간의 영이 하나님과 소통하고 상호작용하는 것을 가리키는 경우가 많다. 이와 같은 경우 **프네우마**는 인간의 "영"(영어로는 소문자 s로 시작하는 the spirit)과 "성령"(the Spirit)을 함께 지칭하는 한 단어가 될 수도 있다(the Spirit/spirit).

프네우마는 종종 소유격과 함께 쓰여서("나의 영") 마치 개인이 소유하는 무엇인 것처럼 표현되기도 한다. 하지만 적어도 살아 있는 동안 영이 육체와 엄밀하게 구분되어 존재하거나 기능한다고 볼 수는 없다. 죽음 이후 영이 육체로부터 분리되어 영만의 독립적으로 존재한다는 사상은 신약성경 이전에 그리스 철학과 문화(플라톤주의)에 뿌리를 두고 있다. 신약성경 곳곳에도 그런 개념을 전제하는 듯한 서술이 나타나기도 한다. 하지만 성경은 각 개인의 죽음과 종말에 모든 인간에게 일어날 부활 사이, 이른바 '중간 시기'에 신자들과 불신자들이 정확히 어떤 상태로 존재하는지에 대해 체계적이고 명확하게 설명하지 않는다. 죽음 이후 몸과 분리된 "영혼"을 상정한 경우에도, **프네우마**가 아닌 **프쉬케**가 사용되기도 한다.

> 몸은 죽여도 영혼(프쉬케)은 능히 죽이지 못하는 자들을 두려워하지 말고 오직 몸과 영혼(프쉬케)을 능히 지옥에 멸하실 수 있는 이를 두려워하라 (마 10:28)

우리가 죽을 때 분명 몸(쏘마 혹은 싸륵스)은 소멸한다. 그렇다면 몸과 분리되어 하늘로 올라가 하나님과 함께 안식을 누리는 것은 우리의 **프쉬케**인가? 아니면 **프네우마**인가? 이에 대한 답을 내기 전에 먼저 이 주제에 관한 성경의 가르침을 좀 더 통합적으로 살펴 볼 필요가 있다. 만약 종말이 오기 전 '중간 시기' 동안 신자들이 사후 세계(천국)에서 안식과 복을 이미 누리고 있다면, 그들에게 최후 심판은 어떤 의미가 있으며 또 부활은 왜 필요한가? 이처럼 인간에 대한 영육 이원론은 단지 인간론의 문제에만 국한되지 않고 구원론과 종말론, 기독론, 교회론, 기독교 윤리, 그리고 우리의 신앙 전반에 지대한 영향을 미치는 중대한 사안이다. 하지만 단순하고 명쾌한 하나의 교리 혹은 개념으로 포괄하기 어려운 복잡하고 모호한 주제이기도 하다. 이런 주제일수록 성경이 말하는 곳까지 가고 성경이 말하지 않는 곳에서 멈추는 자세가 필요하다. 특히 성경뿐 아니라 지난 2천여 년 동안 이어진 신학의 역사를 돌아보면서, 이미 앞서 저질러진 오류와 모순을 반복하지 않도록 주의해야 한다.

적어도 살아 있는 동안 몸과 영혼이 분리되어 존재하거나 활동하는 것은 성경적 인간론에 맞지 않다. 예를 들어, 바울이 "내가 실로 몸으로는 떠나 있으나 영으로는 함께 있[다]"(고전 5:3; 골 2:5)라고 말할 때, 이는 몸과 별개로 자신의 영혼이 먼 거리에 있는 다른 영혼들과 소통한다는 의미가 아니다. 이것은 서신의 독자들에 대한 공감과 관심을 진지하게 표현한 수사법으로 이해되어야 한다. 더군다나 이 구절에 쓰인 **프네우마**가 바울 자신의 "영"인지 아니면 바울과 함께하는 "성령"인지에 대해서도 학자들 간에 논쟁이 있다.

혼적 인간과 영적 인간

프쉬케와 프네우마가 언제나 동일하거나 혹은 비슷한 대상을 가리키는 것은 아니다. 고린도전서는 그 둘이 서로 대비되거나 반대되는 대상을 지칭할 수 있음을 보여준다.

> 육에 속한(프쉬코스) 사람은 하나님의 성령의 일들을 받지 아니하나니 이는 그것들이 그에게는 어리석게 보임이요, 또 그는 그것들을 알 수도 없나니 그러한 일은 영적으로(프뉴마티코스) 분별되기 때문이라 (고전 2:14).

이 구절에서 『개역개정』이 "육에 속한"이라고 번역한 그리스어 단어는 **프쉬케**의 형용사형 **프쉬코스**(ψυχικός)다. 다른 국역들은 "자연에 속한", "영적이 아닌", "현세적" 등으로 옮겼고, 영역본들은 "natural", "unspiritual" 등으로 번역했다. 프쉬케를 자주 "영혼" 또는 "혼"이라고 번역한다는 점을 고려한다면, 프쉬코스를 "혼적인"으로 옮길 수도 있을 것이다.

분명한 것은 여기서 **프쉬코스**가 "영적으로"라고 번역된 **프네우마티코스**(πνευματικός)와 대조를 이룬다는 점이다. 이 구절의 전후 문맥을 살펴보면 "이 세상의 지혜", "이 세상에서 없어질 통치자들의 지혜"를 기준으로 세상을 바라보고 하나님의 말씀을 판단하는 태도가 바로 **프쉬코스**다(고전 2:6-10).

고린도전서의 또 다른 구절을 보자.

육의(프쉬코스) 몸으로 심고 신령한 몸으로 다시 살아나나니 육의(프쉬코스) 몸이 있은즉 또 영의 몸도 있느니라 (고전 15:44)

『개역개정』은 **프쉬코스**를 "육의"라고 옮겼다. 다른 국역들은 "자연적인", "육체적인", "물질적인" 등으로, 영역본들은 "natural", "physical"이라는 표현으로 번역했다. 이 구절 역시 전후 문맥을 보면, "썩을 것", "욕된 것", "약한 것"(고전 15:42-43)에 상응하는 대상이 **프쉬코스**라는 사실을 알 수 있다. 또한 15:47 이하 본문을 보면, **프쉬코스**가 "흙에 속한 자"에 대응한다. 하지만 『개역개정』이 옮긴 "육의"라는 번역만 보면, 그 원어가 **쏘마**나 **싸륵스**라고 오해하기 쉽다. 물론 바울은 적어도 이 문맥에서 **프쉬케**를 **쏘마**나 **싸륵스**와 비슷한 의미로 사용하고 있는 것인지도 모른다.

결국 우리는 그리스어 단어의 의미가 한 가지로 고정되지 않고 문맥에 따라 조금씩 달라진다는 사실을 깨닫게 된다. 때로는 그 의미가 많이 달라져서 심지어 정반대에 가까운 뜻을 나타내기도 한다. 이것은 **프쉬케**를 포함한 다른 여러 그리스어 단어들에 해당한다. 그렇기 때문에 하나의 그리스어 단어에 하나의 우리말 뜻을 대응시켜 고정하는 일은 자칫 큰 오류를 낳을 수도 있다.

이분설? 삼분설?

프쉬케, **프네우마**, 그리고 **쏘마**가 한 문장에 같이 등장하는 구절도 있다. 바로 데살로니가전서 말미에 덧붙여진 바울의 축복기도다.

> 평강의 하나님이 친히 너희를 온전히 거룩하게 하시고 또 너희의 온 영(프네우마)과 혼(프쉬케)과 몸(쏘마)이 우리 주 예수 그리스도께서 강림하실 때에 흠 없게 보전되기를 원하노라 (살전 5:23)

이 한 구절에 근거하여 바울이 인간을 삼분적 존재로 보았다고 결론 내리는 것은 너무나 단순하고 성급한 처사다. 일단 이 구절은 신자들 각자각자를 예수 그리스도의 재림의 날까지 하나님께서 신실하고 건전한 사람으로 지켜달라는 목회자 바울의 간절한 바람을 담고 있다. 만약 우리가 먼 훗날 천국에 가서 바울을 만나 이 구절에서 정말로 삼분설적 인간론을 피력했냐고 묻는다면, 과연 바울은 뭐라고 답할까? 우리는 바울의 대답을 직접 듣기 전에 바울이 쓴 서신 전체를 읽음으로써 어느 정도 그 답을 유추할 수 있다.

바울은 **프쉬케**와 **프네우마**를 인간 존재의 두 요소라고 파악한 적이 없다. 인간의 내면을 가리키며 어떤 맥락에서는 이 단어를, 또 어떤 맥락에서는 저 단어를 썼을 뿐이다. **프쉬케** 속에 **프네우마**가 포함될 수도 있었고, 그 둘이 서로 중첩되는 교집합을 가질 때도 있었다.

그렇다면 둘을 하나로 합쳐서 "영혼"이라고 부르고, 그것과 구별되는 "몸"까지 합쳐서 인간을 구성한다는 이분설은 어떤가? 이 관점 역시 성경 전체에 명확하게 드러나지 않는다. 앞서 살펴본 것처럼, "몸"을 지칭할 때 **쏘마**가 사용되기도 했고 **싸륵스**가 사용되기도 했다. 심지어 덜 부정적인 의미를 띠고 있는 **쏘마**조차도 환유법, 제유법, 대유법과 같은 수사적 표현에 사용됨으로 물질적 차원만이 아니라 정신과 마음, "영"까지도 포괄하는 인간 존재 전체를 가리킬 수 있었다.

정리하면, 성경의 저자들 중 그 누구도 인간이 어떤 요소들로 이루어져 있는지, 그리고 그 요소들 간의 관계가 무엇인지에 대해 체계적인 설명을 제공한 일이 없다. 그러므로 하나의 맥락만을 지나치게 강조하여 왜곡된 해석에 빠지지 않도록 주의해야 한다.

인간론의 효용

성경으로부터 인간의 존재를 구성하는 요소들이 무엇인지 명확히 알기 어렵다는 사실과 더불어 다음의 두 가지 사안도 함께 고려해야 한다.

첫째, 이분설 혹은 삼분설과 같은 인간론이 기독교 신앙에 주는 실질적인 유익은 무엇일까? 기독교 신학은 학문이기 전에 우리에게 구원을 가져다 주는 생명의 길이다. 어떤 개념이나 현상에 대해 논리적이고 체계적으로 설명해 내는 것 자체가 신학의 목적이 아니다. 신학은 그것이 하나님께서 품으신 세상을 향한 궁극적인 뜻, 곧 구원을 서술할 때 그 쓸모를 다하는 것이다. 물론 구원과 직접 관련되어 보이지 않거나, 실제적으로 우리의 신앙에 유익을 가져다 주지 않는 것처럼 보이는 주제를 연구하여 성과를 내는 일도 그 나름의 가치를 지닌다. 특히 인간에 대한 이런 저런 탐구와 논의는 우리에게 많은 유익을 가져다 줄 수 있다.

하지만 인간에 대한 특정한 이론, 즉 이분설이나 삼분설을 교조화하는 것은 학문적으로도 정당하지 않을 뿐만 아니라 목회적으로나 선교적으로도 그 유익이 불분명하다. 인간이 영과 혼과 육으로 이루어졌다고 생각하지 않으면 예수님을 믿지 못하는가? 인간이 영혼과 육체, 둘로 이루어졌다는 데에 동의하지 않으면 예수님을 따를 수 없는가?

성경은 인간의 구성에 관한 가르침과는 달리, 인간 자체에 대해서는 매우 명확한 가르침을 준다. 곧 인간은 총체적으로 죄인이라는 것이다. 인간은 단지 육(體)에 있어서만 타락하거나 죄를 짓는 것이 아니다. 반대로 하나님께서 구원하시고자 하는 대상도 인간의 영혼만은 아니다. 어쩌면 영과 혼과 육을 분리해서 생각하는 것보다, 인간 존재의 총체성에 주목하는 것이 우리에게 더 유익할 수 있다. 죄를 짓고 죽음에 처하는 대상, 그리고 하나님의 은혜로 구원을 받는 대상이 몸과 영과 혼을 함께 지닌 인간, 즉 총체적으로 존재하는 인간이라고 이해하는 것이 우리의 신앙에 더 유익할 수 있다.

둘째, 성경의 가르침이 과학이나 철학 등 일반 지식과 모든 면에서 반드시 일치할 필요는 없지만, 보편적 진리로서 폭넓은 정합성을 지니고 있는 것도 또한 사실이다. 예수님께서 인간으로서 이 세상에 오신 것처럼, 예수님께서 영원한 대제사장으로서 인간의 연약함을 체휼하신 것처럼, 기독교 진리는 인간의 세상이 알아들을 수 있는 말로 소통되어야 한다.

물론 신약성경에는 1세기 세계에만 갇히지 않는 영원하고 초월적인 메시지가 담겨 있다. 하지만 신약성경에 이분설이나 삼분설에 대한 내용이 잠재되어 있다는 것은 예수 그리스도의 복음이 1세기 당시의 세계와 적극적으로 소통했다는 증거일 것이다. 그렇다면 우리가 할 일은 영원하고 초월적인 예수 그리스도의 메시지를 21세기의 세상 속에 살아가는 사람들에게 전파하고 소통하는 것이다.

몸은 정신에, 마음은 육체에 영향을 준다는 것은 오늘날의 상식이다. 그렇다면 영과 혼과 육의 삼분설, 영혼과 육체의 이분설을 무리하게 고집하기보다, 인간을 총체적으로, 통전적으로 이해하고 서술하는 것이 의학과 심리학을 비롯한 오늘날의 인간 이해와 더 잘 조화된다고 할 수 있겠다.

7장_장로

우리말로 "장로"로 번역된 그리스어 형용사 **프레스뷔테로스**(πρεσβύτερος)는 "나이든"을 뜻하는 **프레스뷔스**의 비교급이다. 즉, "더 나이든"이라는 뜻인데, 이후 "나이가 꽤 많이 든"이라는 의미로 발전되었다. "장로"(長老)의 두 한자어에도 "어른" 혹은 "노인"이라는 뜻이 들어 있다. 장로교든 아니든 대부분 한국 개신교회에서 장로는 교인의 대표라고 할 수 있다. 그래서 장로들의 모임인 당회가 교회의 많은 중요한 문제를 결정한다. 장로가 되려면 외적, 내적으로 여러 자격과 자질을 갖추어야 하며 헌법이나 정관에 규정된 기준도 준수해야 한다. 하지만 어느 교회든 장로의 자격 조건으로 빠지지 않는 것이 있다. 바로 신체적 나이다(몇몇 교단은 35세, 대부분 40세 이상).

교회 직제의 명칭이나 원리는 '성경적'이어야 한다. 이 말이 성경을 문자적으로 따르는 것을 의미하지 않는다. 직제뿐 아니라 예배나 선교, 그 밖에 신앙생활의 많은 부분에서 1세기 지중해 세계의 문화와 생활을 21세기 대한민국에 그대로 옮겨 적용할 수는 없기 때문이다. 실제로 성경의 문자적 기록에는 없는 많은 일들이 오늘날 교회에서 일어나고 있고, 성경에 기록된 초기 교회의 모습 중 오늘날 그 형태를 찾아볼 수 없는 것들도 많다. 직제에 한정해서 말하자면, 오늘날 많은 교회가 신약성경 여러 곳에 등장하는 "선지자", "감독", "전도자"와 같은 직분을 세우지 않는다. 반면에, 성경 어디에도 나오지 않는 "권사" 직분이 한국 교회 대부분에 존재한다. 원론적으로 말해서, 특정 성경 구절이 교회의 직제를 정하는 데 있어서 고려해야 할 유일한 요소는 아니다. 정의, 사랑, 평화와 같은 변치 않는 하나님의 뜻, 우리 시대의 문화와의 정합성(整合性), 그리고 각 지역교회 공동체의 고유한 역사와 상황도 함께 고려되어야 한다.

그럼에도 불구하고 우리말로 "장로"로 번역된 그리스어 **프레스뷔테로스**의 뜻을 정확히 알아보는 것은 분명 우리에게 유익한 일이 될 것이다. 이 단어에 대한 우리의 이해가 너무 협소하지 않았는지 점검해 볼 수 있고, 풍성한 맥락 위에서 성경의 용례들을 읽다가 문자 너머의 변하지 않는 영적 원리를 발견할 수도 있기 때문이다. 신약성경에 나온 이 용어와 개념을 탐구하기 위해 먼저 두 가지 경로를 따라가 보자. 하나는 고대 지중해 세계, 곧 그리스-로마 사회의 맥락에서 **프레스뷔테로스** 단어의 쓰임을 살피는 것이고, 다른 하나는 구약성경과 제2성전기 유대교의 배경에서 그 단어를 살피는 것이다.

그리스-로마적 맥락

고대 그리스 사회의 다양성 만큼이나 **프레스뷔테로스**라는 단어의 쓰임도 다양했다. 이 형용사는 기본적으로 고령을 뜻하는데, 단지 물리적 나이를 묘사하거나 경멸적인 말이 아니라 공경과 존경이 담긴 말이었다. 아리스토텔레스가 "지혜롭고 나이든 이"(οἱ σοφοὶ καὶ πρεσβύτεροι)라는 표현을 썼을 정도로 이 단어는 지혜 혹은 경륜과 깊이 연관된다. 한 마디로, 노인에 대한 공경은 구약성경 만큼이나 그리스 세계에서도 널리 인정되는 덕목이었다.

> 너는 센 머리 앞에서 일어서고 노인의 얼굴을 공경하며 네 하나님을 경외하라 나는 여호와이니라 (레 19:32)

프레스뷔테로스가 관사와 함께 쓰이면 직책명 혹은 호칭이 된다. 실제로 스파르타에서는 도시 통치 계급의 수장을 이 호칭으로 불렀고, 주전 3세기 이집트에서 쓰인 것으로 보이는 파피루스에서도 한 마을의 지도자를 지칭하는 용례로 나타난다. 또한 정치적인 차원에 국한되지 않고 몇몇 직능 단체(길드)의 지도자들도 프레스뷔테로이라고 불렀고, 그 호칭을 지닌 사람들이 종교적인 기능을 수행하기도 했다(제사장 그룹). 행정이나 사법 기능을 담당하는 지역 공동체의 지도자들 역시 프레스뷔테로이라고 불렀다. 그들은 보통 1년의 임기 동안 특정한 업무를 수행했다. 물론 이런 전문적인 직책을 맡은 사람들뿐만 아니라, 일상적인 맥락에서 연장자나 지도급 인사들을 가리켜 "장로"라고 부른 용례들도 많다.

구약의 맥락

그리스어로 번역된 칠십인역 구약성경에서 프레스뷔테로스는 총 155회 나온다. 히브리어 자켄에 상응하는 그리스어로 게론테이오스(γεροντεῖος, "늙은", "나이 든")보다 더 자주 프레스뷔테로스를 선택했다는 점은 의미심장하다. 실제로 이 형용사에는 "고령"(高齡) 이상의 의미가 담겨 있었다. 부모뿐 아니라 일반적인 노인에 대한 공경은 하나님 백성의 윤리적 삶에서 중요한 덕목이었다.

칠십인역 구약성경에서 "장로"의 의미는 그 쓰임새로 보아 크게 네 가지의 범주로 나눌 수 있다.

첫째, 절대적으로 나이가 많은 사람, 즉 "노인"을 지칭하는 경우다. 이 용례는 모세오경과 역사서에 두루 나타난다. 창세기 18장 11절을 보면 아브라함이 75세, 사라가 74세였을 때 그들을 가리켜 **프레스뷔테로스**라고 묘사한다. 하지만 또 다른 성경 구절에서는 단순히 노인을 가리켜 그 단어를 사용하기 때문에, 정확히 몇 살부터 **프레스뷔테로스**에 해당하는지 알기 어렵다.

둘째, 이 형용사는 상대적으로 "더 나이가 많은", "손 위"라는 의미로 자주 쓰였다. 이런 경우 형이나 언니처럼 형제 간에 더 나이 많은 쪽을 가리키기 때문에 절대적인 연령과 무관하다.

셋째, 출애굽기부터 시작해서 나머지 모세오경과 역사서, 그리고 (선지서 중) 에스겔서에 이르기까지 총 40여 회 등장하는 "이스라엘 장로들"이라는 표현은 아마도 열두 지파, 그리고 가나안에 정착한 후 각 지역의 토착 지도자들을 통칭하는 것 같다. 그중 몇몇 구절에서는 "수령들과 관리들과 재판장들"(신

29:10; 수 8:33; 23:2; 24:1), "천부장들"(대상 15:25), "이스라엘 자손의 족장들"(왕상 8:1; 대하 5:2)이 같이 나오기 때문에 "장로[들]"의 역할이 어느 하나로 한정되지 않고 행정, 사법, 재정, 군사 등 여러 분야에 걸쳐 공동체를 지도하고 대표하는 역할이었으리라고 짐작할 수 있다.

넷째, 모세오경 내에 "이스라엘 장로들"이 나오는 몇몇 구절에는 그들이 칠십 명이었다는 사실이 언급된다(출 24:1, 9; 민 11:16).

> 또 모세에게 이르시되 너는 아론과 나답과 아비후와 이스라엘 장로 칠십 명과 함께 여호와께로 올라와 멀리서 경배하고 (출 24:1)

이들은 출애굽 여정 혹은 가나안 정복 시기 동안 모세의 리더십을 직접 보좌하고 모세를 통해 주어진 신탁을 백성에게 전달하며 실행하는 기능을 수행했다. 다른 사람들로부터 분리되어 모세를 따라 시내산 중턱까지 올라갔고, 근접한 거리에서 신현(神現)을 목도한 칠십 장로들의 체험은 특별했다(출 24:9-11). 그런 특별한 영적 체험을 통해 그들은 독특한 영적 권위를 지닐 수 있었을 것이다. 다만, 특권적인 영적 리더십을 지닌 칠십 장로 그룹이 이스라엘 역사 속에 얼마나 오래 지속되었는지는 분명하지 않다. 그 칠십 명이 애초에 어떤 자격이나 능력을 기준으로 선발되었는지, 그리고 특정한 나이가 조건이었는지도 명확히 제시되지 않는다.

종합하면, 칠십인역 구약성경에서 **프레스뷔테로스**라는 단어는 연장자나 손위 형제를 가리키는 형용사로 자주 사용되었다. 하지만 출애굽 사건 이후 가나안 정착 시기까지, 이른바 국가 형성기 역사 속에서는 특별한 정치적, 종교적 기능을 수행하는 기술적 호칭으로 사용되기도 했다.

신약의 맥락

[1] 유대교 지도자들 [율법학자들]

신약성경에서 "장로"는 총 66회 나온다. 일단 구약성경에서처럼 단순히 나이가 많이 든 노인들을 가리켜 **프레스뷔테로이**라고 지칭하는 경우가 몇 차례 나온다(요 8:9; 행 2:17; 딤전 5:1-2; 벧전 5:5). 히브리서 저자는 구약 시대 조상들을 가리켜 **프레스뷔테로이**라고 통칭하기도 했다(히 11:2). 하지만 훨씬 더 많은 경우에 "장로"는 제2성전기 유대 사회의 지도자들, 특히 종교 지도자들에게 붙여진 호칭이었다. 사복음서에 나오는 대부분 용례

(25회)가 그러하고 사도행전의 일부 용례(2:17; 4:5, 8, 23; 6:12; 23:14; 24:1; 25:15)도 마찬가지다. 복음서와 사도행전을 보면, 성전 중심의 유대교 종교 지도자들을 가리켜 "장로들"이라고 부른 경우가 많다. 산헤드린 공회원들에게 이 호칭이 붙은 경우(눅 22:6; 행 22:5), 칠십(또는 칠십 이)이라는 숫자를 매개로 출애굽기와 민수기에 나왔던 칠십 장로와 연결될 여지가 있다. 하지만 "장로"가 산헤드린 회원의 전용 호칭으로 굳어진 것 같지는 않다. 랍비 전통을 만들고 계승한 율법학자들을 가리켜 "장로들"이라고 통칭한 사례가 있기 때문이다(마 15:2; 막 7:3, 5).

[2] 예루살렘 교회 지도자들

기독교 공동체의 지도자들이 "장로"라고 불리기 시작한 것은 분명 예수님의 승천 이후다. 사도행전 서사를 그대로 따르자면 처음에 예루살렘 교회에는 "장로"가 존재하지 않았다. 오순절 사건 전후 초기 기독교 공동체의 유일한 지도자 그룹은 "사도들"이었다. 이후 예루살렘 교회 소속 "장로"가 처음 언급되는 곳은 사도행전 11장, 즉 사울과 바나바가 안디옥 교회에서 모은 구제 헌금을 들고 예루살렘 교회를 방문하는 장면이다.

이를 실행하여 바나바와 사울의 손으로 장로들에게 보내니라 (행 11:30)

바로 이어지는 12장은 헤롯 아그립바 1세의 박해로 야고보가 참수당하고 베드로가 투옥되었다가 기적적으로 탈옥한 이야기가 담겨 있다. 그 후 베드로는 예루살렘을 떠나게 되는데, 이때 다른 열 사도들도 박해를 피하기 위해 예루살렘을 벗어났을 가능성이 있다. 그렇다면 11장 30절의 "장로들"은 예루살렘 교회에 남겨진 야고보와 여타 다른 지도자들이었을 것이다. 몇 년 후 예루살렘에서는 중요한 신학적 의제를 두고 회의가 열렸는데, 이때 바울과 바나바, 그리고 "예루살렘의 사도와 장로들"이 논쟁을 벌였다(행 15:2, 4, 6, 22, 23; 16:4). 여기에 베드로 역시 참석했다. 하지만 그 외에 다른 사도들도 있었는지는 불확실하다. 만약 "사도들"과 "장로들"이 동격적 표현이 아니라면, 주후 40년대 말 예루살렘 교회에는 두 그룹의 지도자들이 있었다고 이해할 수 있다(행 21:18 참조).

[3] 이방 교회 지도자들

사도행전뿐 아니라 나머지 신약성경에서 "장로"는 이방인 교회들에 세워진 지도자들을 가리키는 호칭으로 여러 차례 등장한다. 사도행전을 보면 바울이 헬라 지역을 복음화하면서 자신이 떠날 때 교회마다 장로들을 임명하는 장면이 나온다(행 14:23). 특히 바울이 3차 전도 여행을 마치고 예루살렘으로 가는 길에 시간이 없어서 에베소에 들르지 못하게 되자 밀레도에서 에베소 교회 장로들을 불러 다음과 같이 마지막 당부를 한다.

> [28] 여러분은 자기를 위하여 또는 온 양떼를 위하여 삼가라 성령이 그들 가운데서 여러분을 감독자(ἐπίσκοποι)로 삼고 하나님이 자기 피로 사신 교회를 보살피게(ποιμαίνειν) 하셨느니라 … [35] 범사에 여러분에게 모본을 보여준 바와 같이 수고하여 약한 사람들을 돕고 … (행 20:28, 35).

이처럼 장로직이 감독직과 동일시되는 현상은 곳곳에서 발견된다. 바울은 여러 교회에 써 보낸 편지에서 "장로"에 대한 언급을 거의 하지 않았다. 그가 교회의 다양한 직분들을 설명하는 본문에도 "장로"는 빠져 있다(엡 4:11; 고전 12:28). 사실 "선지자"나 "교사", 혹은 "목사"의 직분의 경우 장로의 직분과 어느 정도 중첩된다. 또 은사의 측면에서 보자면 가르치는 일과 다스리는 일은 전형적인 장로의 역할이라 할 수 있다(롬 12:6-8).

그리스도 예수의 종 바울과 디모데는 그리스도 예수 안에서 빌립보에 사는 모든 성도와 또한 감독들과 집사들에게 편지하노니 (빌 1:1)

바울은 빌립보서 첫 머리에서 "빌립보에 사는 모든 성도와 또한 감독들과 집사들"을 언급한다. 그렇다면 바울이 다른 교회들에 세웠던 "장로"가 빌립보 교회에만 없었던 것일까? 그보다는 감독이 장로의 다른 이름이었을 개연성이 더 높다.

디도서를 보면, 바울이 디도에게 그레데 교회에 장로를 세우도록 지시하는 장면이 나온다. 바울은 "장로"의 자격을 설명하면서 중간에 "감독"이라는 호칭을 혼용한다(딛 1:5-9).

⁵ 내가 너를 그레데에 남겨 둔 이유는 남은 일을 정리하고 내가 명한 대로 각 성에 장로들을 세우게 하려 함이니 ⁶ 책망할 것이 없고 한 아내의 남편이며 방탕하다는 비난을 받거나 불순종하는 일이 없는 믿는 자녀를 둔 자라야 할지라 ⁷ 감독은 하나님의 청지기로서 책망할 것이 없고 제 고집대로 하지 아니하며 급히 분내지 아니하며 술을 즐기지 아니하며 구타하지 아니하며 더러운 이득을 탐하지 아니하며 ⁸ 오직 나그네를 대접하며 선행을 좋아하며 신중하며 의로우며 거룩하며 절제하며 ⁹ 미쁜 말씀의

가르침을 그대로 지켜야 하리니 이는 능히 바른 교훈으로 권면
하고 거슬러 말하는 자들을 책망하게 하려 함이라 (딛 1:5-9)

이후 바울은 디모데에게 에베소 교회에 세워야 할 감독과 집사 직분의 자격에 대해서는 자세히 설명하면서도, 정작 "장로"의 직분에 대해서는 전혀 언급하지 않았다(딤전 3:1-13). 하지만 분명 에베소 교회에는 장로들이 있었다. 디모데 자신도 안수받은 장로였다. 그를 안수한 "장로의 회"(τὸ πρεσβυτέριον)는 경륜과 권위를 갖춘 다수의 장로들의 집합체였을 것이다(딤전 4:14). 그들은 주로 다스리는 역할을 맡은 이들과, 말씀과 가르침에 수고하는 이들로 나뉘었을지 모른다. 또한 장로들을 고발하면서 도전하는 사람들이 있었다는 사실은 그만큼 장로들의 리더십이 지속적이고 편만했다는 점에 대한 반증일 수 있다(딤전 5:17-19). 야고보, 베드로, 요한이 쓴 편지들에도 "장로"가 나온다. 이를테면, 야고보는 신자가 병들었을 때 교회의 장로들을 청해서 기도를 받으라고 권면한다.

너희 중에 병든 자가 있느냐 그는 교회의 장로들을 청할 것이요
그들은 주의 이름으로 기름을 바르며 그를 위하여 기도할지니라
(약 5:14)

베드로는 소아시아 북부 지방 교회들에 보낸 편지에서 자신을 "함께 장로된 자"라고 표현하면서, 장로의 역할을 "하나님의 양무리를 치[는]" 역할이라고 규정한다.

> [1] 너희 중 장로들에게 권하노니 나는 함께 장로 된 자요 그리스도의 고난의 증인이요 나타날 영광에 참여할 자니라 [2] 너희 중에 있는 하나님의 양 무리를 치되 억지로 하지 말고 하나님의 뜻을 따라 자원함으로 하며 더러운 이득을 위하여 하지 말고 기꺼이 하며 [3] 맡은 자들에게 주장하는 자세를 하지 말고 양 무리의 본이 되라 (벧전 5:1-3)

요한 역시 자신을 "장로"라고 칭하면서 공동체와 동역자들에게 목회적 권고와 격려를 했다(요이 1:1; 요삼 1:1).

> 장로인 나는 택하심을 받은 부녀와 그의 자녀들에게 편지하노니 내가 참으로 사랑하는 자요 나뿐 아니라 진리를 아는 모든 자도 그리하는 것은 (요이 1:1)

이와 같은 신약성경의 증거들을 종합해보면, "장로" 직분에 관해 다음과 같이 정리할 수 있다. 첫째, 초대 교회 장로들의 역할은 목회자의 역할에 가까웠다. 물론 장로들 내에서도 다양한 역할들이 존재했고, 어쩌면 역할의 분담(분업)이 있었을 수 있다. 하지만 어떤 특정 역할을 담당하든지 간에 "장로" 직분의 본질은 목양이고 돌봄이었다. 둘째, 한 교회에 세워진 장로는 한 명이 아니라 여러 명이었다. 그들 사이에는 상호 존중과 우정과 동역이 있었다. 그러면서도 더 권위 있는 장로가 모본을 보이고 권면을 제공함으로써 질서와 리더십의 계승이 자연스럽게 이루어졌다. 인상적인 것은 우리가 흔히 "장로들"과 구별하여 훨씬 더 높은 위계에 속한다고 생각한 "사도"들이 스스로를 다른 장로들과 동역하는 또 한 명의 "장로"라고 인식했다는 사실이다.

프레스뷔테로스에서 장로로 - 오늘을 위한 함의

성경에서, 그리고 성경이 쓰여진 고대 문화에서 프레스뷔테로스의 의미는 다채롭다. 포괄적으로 말하면, 프레스뷔테로스는 나이가 많다는 뜻의 형용사였지만 신체적 나이 이상의 의미들도 담고 있었다. 존경과 위엄을 받을 만한 이들, 곧 경륜과 지혜를 지닌 연장자로서 지도적 역할을 감당하는 이들에게 프레스뷔테로스라는 호칭이 붙었다.

"장로"라는 단어는 교회 역사상 다른 어떤 나라의 교회들보다 한국 개신교회에 더 깊숙이 파고들어 있다. 한국 개신교회 중 "장로"가 없는 교회가 거의 없다. 일단, 표면적인 원인은 한국 개신교회 내에서 장로교회가 수적으로 절대 다수를(80% 이상) 차지하기 때문이다. 이와 같은 장로교회의 절대적 우세 현상은 세계 기독교의 정황에서 볼 때 일반적이지 않다. 2011년 미국 연구기관인 퓨 포럼(Pew Forum)의 조사에 따르면, 전 세계 기독교인 중 36.7%가 개신교인이고, 개신교인 중 7%가 개혁파 전통에 속한다. 그렇다면 왜 유독 한국에서만 장로교가 우세하게 되었을까?

가장 먼저 생각할 수 있는 것은 역사적 원인이다. 구한말 한반도에 복음을 들고 찾아 왔던 선교사들을 보면, 타교단에 비해 장로교인들의 비중이 높았다. 그리고 그들의 선교 열정과 헌신, 그리고 효과적인 선교 전략이 장로교회의 부흥을 가져왔다. 선교사들에 뒤이어 장로교단 소속 목회자, 신학자들의 활약도 장로교 부흥에 한 몫 했을 것이다.

또한 구한말-개화기 조선이 처해 있던 사회적, 문화적 상황 역시 고려해 보아야 한다. 조선왕조 오백년 간 한국 사회를 지배했던 것은 유교 이념이었다. 유교 이념이 깊이 뿌리 박힌 한국인들의 의식 구조와 새롭게 서구에서 전해진 기독교 교리는 여러 가지 면에서 부딪히고 충돌했다. 하지만 조화되고 호환될 수 있는 요소도 없지는 않았다. 이를테면, 효(孝), 가부장제, 그리고 장유유서(長幼有序)의 윤리가 있었다. 유교적 가치관과 사회 질서가 자연스럽게 기독교 공동체 생활에 수용될 수 있었던 배경에는 장로 제도가 있었다고 할 수 있다.

그리스도인이 되기 이전부터 나이 많은 남자들은 한국 사회 어디에서나 어르신으로 대접을 받으며 대표자나 지도자로 추앙되었다. 그런 연장자 우대의 뿌리 깊은 유교 문화가 한국 교회 내에서 "장로"라는 성경적 직제와 자연스럽게 어울렸을 것이다. 그리고 이와 같은 근거에서 비(非)장로교회들 내에 편만한 장로 제도를 설명할 수 있다. 신학적으로 장로교 전통을 따르지 않은 20%의 교회들마저 그들의 전통과 신학에 맞지 않는 장로 제도를 기꺼이 받아들여 왔다. 이 현실의 원인을 장로교회의 숫적 우세나 영향력으로만 돌릴 수는 없다. 과거는 물론 현재까지도 한국의 경제, 정치, 사회 거의 모든 분야에서 권력과 지도력은 중년 남자들에게 지나치게 집중되어 있다는 점을 고려해야 한다. 한국 개신교회의 당회도 거의 전적으로 40대 이상 남성으로 이루어져 있다. 이런 데칼코마니를 단순한 우연이라고 말하기는 어려울 것 같다.

한편, 한국교회에서 장로의 직분에 나이 제한을 둔 것이 꼭 나쁜 것만은 아니다. 한국 사회에서 경제적, 사회적 영향력을 지닌 중장년 남성들이 교회 내에서도 지도자 역할을 감당함으로써 지난 세기 한국교회의 부흥과 성장에 중추적 기여를 한 것은 분명한 사실이다. 대부분 장로들이 그들이 가진 권한에 걸맞게 신앙적 성숙과 열정을 겸비했으며 그들의 헌신과 봉사는 모범과 귀감이 되었다. 그들의 기도로 한국교회의 영성이 더 깊어졌고, 그들의 헌금으로 귀한 예배당들이 건축되었다. 사회적 경륜과 영향력, 경제력을 두루 갖춘 중년 남성 신자들이야말로 교회의 기둥과 같은 존재들이다. 목회자들과 동역하고 회중의 여론을 이끌고 모으는 데 있어서도 중장년의 연배는 분명 긍정적이다.

하지만 장로 제도가 끼친 유익만큼이나 그것의 폐해와 위험도 있다. 장로들의 역할이 워낙 두드러지기 때문에 그들을 선출하는 과정을 통해 교회 공동체 전체가 한바탕 홍역을 치르곤 한다. 또한 하나님을 섬기는 일에 나이가 조건이 되어 버림으로써 전반적인 교회 문화에 '연공서열' 의식이 작동하는 것을 막기 어렵게 되었다. 더 심각하고 현실적인 위험도 있다. 바로 한국교회에서 20-30대 청년들을 찾아보기 힘들어진 지가 오래되었다는 점이다. 출생률 감소를 고려하더라도 이렇게 빨리, 이렇게 많은 청년이 교회에서 사라진 건 심각한 문제이다. 여러 가지 원인이 있겠지만 교회의 최고 의사 결정 과정에 청년이 원천적으로 배제된 현실이 그 중 하나일 것이다. 교회에 남아 있는 청년들조차 교회 전체에 대한 참여와 책임, 주도적인 의식을 갖지 못하는 경향이 있다. 사회에서는 각자 맡은 역할과 책임을 다하며, 조직을 이끌기도 하고, 자신만의 사업체를 운영하기도 하고, 각종 선거에 출마도 하지만, 교회에서는 단지 "청년"으로 불릴 뿐이다. 교회 청년이 쓸 수 있는 가장 큰 감투는 아마 "청년회장" 정도일 것이다.

연공서열 및 사회적 지위, 경제력을 기반으로 하는 한국의 장로 제도와 다른 사례를 살펴보자. 하나의 사례는 성경 안에 있다. 바울은 디모데에게 "누구든지 네 연소함을 업신여기지 못하게 하[라]"(딤전 4:12)고 권면했다. 디모데는 이미 '장로의 회'를 통해 안수를 받아 에베소 교회에서 목회하고 있던 "장로"였다. 그런데 그가 안수받은 나이는 몇 살이었을까? 주석가들의 의견이 정확히 통일되지는 않지만 마흔 이상이었다고 보는 사람은 아무도 없다. 대개 삼십 대 초반을 꼽고 심지어 이십 대였다고 보는 학자들도 있다.

또 다른 사례는 이웃 나라 교회들에 있다. 전 세계 많은 교단들은 이미 장로의 자격에서 나이 제한을 없앴다. 한국 장로 교단들과 교류하고 있는 미국의 주요 개혁파 교단들(Presbyterian

Church USA, Presbyterian Church in America, the Christian Reformed Church)의 헌법 그 어디에도 장로에 대한 나이 규정이 없다. The Reformed Church in America의 경우는 더 파격적이다. 교단 헌법에 장로와 집사 모두 21세 이상이라고 규정해 놓았고, 특별한 경우 18세도 가능하도록 열어 두었다.

"청년 장로"를 언어 자체로만 보면 모순형용이다. 하지만 문화적 감수성과 목회적 필요, 그리고 신학적 정당성까지 고려한 현실에서 청년 장로의 출현은 얼마든지 가능하고 또한 필요하다. 우리보다 더 오랜 역사를 가진 서구 장로교단들에서는 이미 현실이 되어 있다. 교회 안에 장년 장로, 중년 장로, 노년 장로들과 함께 청년 장로들이 회중 전체를 온전히 대표하고 섬길 수 있다면, 하나님 나라의 이상에 조금 더 가깝게 다가갈 수 있지 않을까.

8장_얼굴

성경에 "얼굴"처럼 변화무쌍한 단어가 또 있을까? 얼굴은 사람의 몸을 대표할 뿐만 아니라 하나님의 성품, 하나님이 하시는 일, 하나님이 인간을 향해 품으신 마음을 묘사할 때도 자주 사용된다. 그리스어 **프로소폰**(πρόσωπον)은 히브리어 파님의 번역어로 자주 사용되지만, 그리스어로 번역된 칠십인역 구약성경은 히브리어 파님보다 더 다채로운 뜻을 표현하고 있다.

인류의 창조와 타락 이야기에서 얼굴

구약성경에서 사람의 "얼굴"이 가장 처음 언급된 구절은 창세기 2장 7절이다.

여호와 하나님이 땅의 흙으로 사람을 지으시고 생기를 그 코에 불어넣으시니 사람이 생령이 되니라 (창 2:7)

여기서 "코"로 번역된 히브리어 아프는 코를 포함한 "얼굴"을 가리키기도 한다. 구약성경 칠십인역의 번역자는 그 점에 착안하여 히브리어 단어 아프를 그리스어 프로소폰이라고 번역했다. 즉, 아담의 얼굴에 하나님의 생기가 불어넣어졌고 생령이 되었다. 하지만 아담과 하와는 하나님의 명령을 정면으로 어기고 선악과를 먹었다. 그런 그들에게 하나님의 엄중한 처분이 내려졌다. 특히 아담에게는 생존을 위한 힘든 노동의 명령이 내려졌다. 에덴동산의 자생적이고 자족적인 경제체제로부터 쫓겨나 이제는 "얼굴"에 땀이 흘러야 빵을 먹을 수 있게 되었다. 생기의 수납처였던 "얼굴"은 땀으로 범벅이 될 것이다. 그리고 끝내 모든 인간은 죽어 그 "얼굴"을 땅에 묻고 흙으로 돌아갈 것이다.

네가 흙으로 돌아갈 때까지 얼굴에 땀을 흘려야 먹을 것을 먹으리니 네가 그것에서 취함을 입었음이라 너는 흙이니 흙으로 돌아갈 것이니라 하시니라 (창 3:19)

그러나 "얼굴"의 저주는 거기에서 끝나지 않았다. 아담 이후의 세대에서 죄는 더욱 확대되고 재생산되었기 때문이다. 가인이 바친 제사가 거부당했을 때, 구약성경은 그의 "얼굴빛이 달라졌다"고 말한다.

> 가인과 그가 바친 제물은 반기지 않으셨다 그래서 가인은 몹시 화가 나서 얼굴빛이 달라졌다 (창 4:5, 새번역)

이는 직역하면, "얼굴을 떨어뜨렸다"는 뜻이다. 가인은 기도와 찬양을 드리며 얼굴을 들어 하나님을 바라보는 대신 부끄러움과 분노로 가득한 자신의 시선을 땅에 떨어뜨리고 하나님을 외면했다. 그리고 결국 분노를 이기지 못하고 그의 동생을 죽였다. 하나님은 그런 가인에게 저주를 선언하셨고, 그제서야 그는 "주의 낯" 즉 하나님의 얼굴을 뵙지 못할 것이라고 탄식했다.

> 주께서 오늘 이 지면에서 나를 쫓아내시온즉 내가 주의 낯을 뵈옵지 못하리니 내가 땅에서 피하며 유리하는 자가 될지라 무릇 나를 만나는 자마다 나를 죽이겠나이다 (창 4:14)

다이아몬드, 고난받는 선지자의 얼굴

구약성경은 예언자의 자기 정체성 혹은 예언자로서의 사명과 관련해서 "얼굴"을 언급한다. 이때 "얼굴"은 마음의 중심 혹은 의지가 그대로 드러난 신체 부위이다. 구약 시대 예언자는 하나님께서 자신을 보내셨다는 분명한 자의식을 가져야 했다. 왜냐하면 그가 예언하는 내용이 사람들의 귀에 거슬리고 그들을 불편하게 만들 수도 있었기 때문이다. 그런 상황 속에서도 예언자는 주저하거나 망설이지 말고 거침없이 대언(代言)할 수 있어야 했다. 이를 위해서는 분명한 자의식과 사명감을 지녀야 했고, 그것이 얼굴에도 드러나야 했다. 따라서 예언자는 단단한 얼굴, '철면피'(鐵面皮)를 가져야 했다.

이사야서에 나오는 네 편의 '종의 노래' 중 하나인 50장 4-11절에는 철면피 예언자의 초상이 그려진다.

> 주 여호와께서 나를 도우시므로 내가 부끄러워하지 아니하고
> 내 얼굴을 부싯돌 같이 굳게 하였으므로 내가 수치를 당하지
> 아니할 줄 아노라 (사 50:7)

부싯돌은 다른 부싯돌과 세게 부딪히더라도 깨지지 않고

불꽃을 내는 단단한 돌이다. 그처럼 단단한 얼굴로 백성 앞에서 하나님의 뜻을 전해야 한다. 이와 비슷한 표현이 하나님께서 예언자 에스겔에게 하신 말씀에도 나온다.

> ^{8} 보라 내가 그들의 얼굴을 마주보도록 네 얼굴을 굳게 하였고 그들의 이마를 마주보도록 네 이마를 굳게 하였으되 ^{9} 네 이마를 화석보다 굳은 금강석 같이 하였으니 그들이 비록 반역하는 족속이라도 두려워하지 말며 그들의 얼굴을 무서워하지 말라 하시니라 (겔 3:8-9).

이번엔 부싯돌 대신 금강석, 즉 다이아몬드다. 귀하고 값비싸다는 의미가 아니라 돌 중 가장 단단한 돌이라는 의미에서 금강석을 언급한 것이다.

이사야와 에스겔, 두 예언자는 "반역하는 족속" 앞에서도 예언해야 했다. 수많은 위협과 박해를 견뎌야 했던 상황은 수백 년 후에 하나님께서 보내실 독생자 예수 그리스도의 정황과도 연결된다. 실제로 주후 2세기 초 사도 교부 문헌 중 하나인 「바르나바의 서신」 15.4을 보면, 이사야 50장 7절을 예수님에게 적용하여 묵상하는 대목이 나온다. 신약성경에서는 앞서 언급한 이사야서와 에스겔서 본문 중 그 어느 것도 예수님과 관련해서 인용되지 않았다. 다만, 앞에 두 본문을 떠오르게 하는 표현이 누가복음에 등장한다.

> 예수께서 승천하실 기약이 차가매 예루살렘을 향하여 올라가기로 굳게 결심하시고 (눅 9:51).

이 구절은 누가복음 전체에서 주요한 분수령이 된다. 예수님께서 갈릴리에서의 사역을 마무리하신 후 예루살렘을 향한 긴 여정을 시작하시는 지점이 바로 여기다. 그런데 사실 그리스어 원문에는 이 구절에 "얼굴"이라는 단어가 들어 있다. 『개역개정』을 비롯한 대부분 한국어성경은 "얼굴"이라는 단어를 살리지 않고 "굳게 결심했다" 혹은 "마음을 굳혔다"처럼 의역했다. 영어성경 중에는 그리스어 원문의 "얼굴"을 살려서 번역한 성경들이 있다. 예를 들어, ESV나 NRSV, NASB 등에는 "he set his face to go to Jerusalem"이라고 되어 있다. 하지만 이런 영역조차도 그리스어 원문에 사용된 동사 **스테리조** (στηρίζω)를 온전히 살려내지는 못했다. 동사 **스테리조**의 일차적 의미는 "단단히 세우다", "흔들리지 않게 하다"이며, 비유적으로는 "확고하게 하다", "확신을 가지게 하다"라는 의미를 지닌다. 누가복음 9장 51절에서 그런 의미를 십분 살려서 번역한다면 누가복음 전체의 문맥에도 어울릴 뿐만 아니라 누가의 기독론에도 상응할 수 있을 것이다. 이 구절에서 예수님은 "승천하실 기약"을 의식하면서 예루살렘을 향해 떠나신다. 그 여정의 끝에는 십자가 죽음과 부활이 기다리고 있다. 예수님은 그 길을 떠나시면서, "그의 얼굴을 단단하게 했다". 앞서 이사야나 에스겔처럼, 예수님 또한 예루살렘에서 완악한 박해자들을 만나겠지만, 결코 그들의 위협에 굴복하거나 위축되지 않으실 것이다. 하나님께서 주신 확신과 능력을 힘입으실 것이기 때문이다. 대제사장 앞에서, 유대 군중과 빌라도 총독, 로마 군인들 앞에서 예수님의 얼굴은 부싯돌처럼, 금강석처럼 단단할 것이다.

9장 51절이 만들어내는 예언자적 정체성은 누가복음의 기독론과 정확히 합치한다. 누가복음에서 예언자 기독론은 유독 강조된다. 예수님께서 예루살렘을 향해 가는 길은 과거에 이스라엘 백성으로부터 거부당하고 박해받았던 예언자들의 길과 일맥상통한다. 다른 예언자들처럼 예수님도 고향에서 배척을 당하셨다. 그리고 고향 밖 이방인들에게, 소외된 이들에게 하나님의 구원을 선포하셨다(눅 4:24-27). 또한 구약 시대 뛰어난 예언자였던 엘리야와 엘리사처럼, 예수님도 죽은 과부의 아들을 살려내어 어머니에게 돌려주셨다. 그것을 본 사람들은 예수님을 가리켜 "큰 선지자"라고 불렀다.

> ¹¹ 그 후에 예수께서 나인이란 성으로 가실새 제자와 많은 무리가 동행하더니 ¹² 성문에 가까이 이르실 때에 사람들이 한 죽은 자를 메고 나오니 이는 한 어머니의 독자요 그의 어머니는 과부라 그 성의 많은 사람도 그와 함께 나오거늘 ¹³ 주께서 과부를 보시고 불쌍히 여기사 울지 말라 하시고 ¹⁴ 가까이 가서 그 관에 손을 대시니 … ¹⁵ 죽었던 자가 일어나 앉고 말도 하거늘 예수께서 그를 어머니에게 주시니 ¹⁶ 모든 사람이 두려워하며 하나님께 영광을 돌려 이르되 큰 선지자가 우리 가운데 일어나셨다 하고 또 하나님께서 자기 백성을 돌보셨다 하더라 (눅 7:11-16)

이사야와 에스겔처럼 예수님도 단단한 얼굴의 소유자셨다. 그 얼굴에는 그분의 심령 속에 깊이 자리 잡은 자기정체성과 사명감이 고스란히 묻어나 있었다.

얼굴 취하기 - 차별과 특혜

성경에서 "얼굴"은 단순히 신체 부위만을 가리키는 단어가 아니다. 그것은 한 개인의 사회적 신분, 경제적 능력 등을 가리킬 수도 있다. 즉, 대유법(혹은 제유법)으로 쓰여서 사람이 지닌 총체적인 겉모습을 지칭할 수 있는 것이다. 오늘날 사회적 신분을 명확히 표현하는 수단으로는 대표적으로 명함이 있다. 명함에는 낯선 사람의 얼굴만을 보고는 알 수 없는 그 사람에 관한 주요 정보가 들어 있다. 하지만 공식적인 인사 자리가 아니면 명함을 교환하는 일은 그리 자주 일어나지 않는다. 일상생활에서 사람들은 다양한 매개를 통해 자신의 사회적 신분과 지위를 표현한다. 이를테면, 옷, 신발, 가방, 차, 집과 같은 것들이 그러한 매개가 된다. 명품 옷이나 명품 가방을 걸친 사람, 고급 차에서 내리는 사람은 자주 그만한 대우를 받는다. 반대로, 옷차림이 수수하거나 낡은 가방을 걸치고, 작은 차를 타고 다니는 사람은 깍듯한 대우를 받지 못하기도 한다. 이처럼 겉모습에 따라 사람을 대하는 태도가 달라지는 현상을 성경은 "얼굴을 취하다"라고 표현한다.

히브리어나 그리스어로 "얼굴을 취하다"라는 표현이 우리말로 옮겨질 때는 "외모로 보다"(신 10:17; 16:19; 막 12:14; 마 22:16; 고후 10:7), 혹은 "외모로 취하다"(눅 20:21)라고 번역된다. 이때 "외모"는 오늘날 우리가 일반적으로 쓰는 "외모"라는 단어의 의미가 아니다. 그것은 사회·경제적 지위를 나타내는 외면적인 모양을 통칭한다. 이를테면, 야고보서 2장의 경우 "얼굴 취하기"(προσωπολημψία)라는 뜻의 명사로 시작되는데, 『개역개정』은 이 명사를 "차별"(약 2:1)이라고 번역했다.

> 내 형제들아 영광의 주 곧 우리 주 예수 그리스도에 대한 믿음을 너희가 가졌으니 사람을 차별하여 대하지 말라 (약 2:1)

성경은 사람을 겉모습으로 판단하고 그에 따라 차별하는 행태에 대해서 거듭 비판한다. 모세 율법에 따르면 경제적 사정이나 사회적 권력에 따라 판결을 굽게 하는 재판은 하나님 보시기에 불의하다(레 19:15). 시편 저자도 그러한 "얼굴 취하기"를 강하게 책망한다(시 82:2). 이와 반대로, 하나님은 사람을 "외모로 보지" 않으신다(신 10:17; 갈 2:6). 우리가 믿는 하나님은 그런 하나님이시기에, 우리는 더욱 하나님을 믿고 의지할 수 있다.

하나님의 얼굴 - 자비의 빛이자 진노의 불

성경에 따르면, 사람만이 아니라 하나님도 얼굴을 가지고 계신다. 하나님의 얼굴은 하나님의 존재 혹은 임재 자체를 상징한다. 신성이 집약된 하나님 존재의 중심부가 바로 "얼굴"

이다. 구약성경에서 하나님의 임재를 가장 강렬하게 경험한 인물은 아마도 모세일 것이다. 그는 사십 일간 시내산에서 하나님의 음성을 듣고 그분과 독대하며 대화했다. 하지만 모세와 하나님과 사십일 간의 소통은 거의 전적으로 청각에 의존했었던 것 같다.

모세가 하나님과 소통하는 동안 산 아래에서는 금송아지 사건이 터졌다. 범죄한 이스라엘 백성에 대한 하나님의 진노는 맹렬했다. 그날 레위 지파에 의해 동족 삼천 명이 죽임을 당했다. 그러고 나서 모세는 다시 시내산에 오른다. 그리고 앞으로 펼쳐질 광야 여정 동안 하나님께서 이스라엘 백성을 버리지 말고 인도해 주시기를 간청한다. 모세는 하나님의 은총의 표시로 "주의 영광"(출 33:18)을 직접 보여달라고 요청했다.

> [18] 모세가 이르되 원하건대 주의 영광을 내게 보이소서 [19] 여호와께서 이르시되 내가 내 모든 선한 것을 네 앞으로 지나가게 하고 여호와의 이름을 네 앞에 선포하리라 나는 은혜 베풀 자에게 은혜를 베풀고 긍휼히 여길 자에게 긍휼을 베푸느니라 [20] 또 이르시되 네가 내 얼굴을 보지 못하리니 나를 보고 살 자가 없음이니라 [21] 여호와께서 또 이르시기를 보라 내 곁에 한 장소가 있으니 너는 그 반석 위에 서라 [22] 내 영광이 지나갈 때에 내

가 너를 반석 틈에 두고 내가 지나도록 내 손으로 너를 덮었다가 ²³ 손을 거두리니 네가 내 등을 볼 것이요 얼굴은 보지 못하리라 (출 33:18-23)

하나님은 모세의 청을 들어주시기로 하셨다. 다만 하나님의 친구 모세라 하더라도 하나님의 얼굴을 볼 수는 없었다. 하나님을 보고 "살 자가 없[기]"(출 33:20) 때문이었다. 그래서 하나님은 모세를 바위 틈에 두고 당신이 지나가실 때 당신의 손으로 모세를 덮었다가 손을 거둠으로써 모세가 당신의 등을 볼 수 있게 하셨다.

이 신비로운 묘사는 하나님도 물질적인 존재는 아닌지, 심지어 사람과 유사한 신체 기관을 지닌 분은 아닌지 의아하게 만든다. 만약 그렇다면 하나님은 다른 모든 물질적 존재처럼 시공간의 제약을 받으실 수도 있다. 그렇기 때문이 이 구절은 신인동형론적 은유일 가능성이 높다. 아니면 일시적으로 모세의 눈에 하나님의 손이나 등이 보이도록 "적응"(accommodation)해 주셨다고 이해할 수도 있다. 어떻게 해석하든지 간에, 이 구절에서 하나님의 "얼굴"은 어떤 피조물도 감히 범접하거나 목도할 수 없는, 신성의 핵심이 머무는 지점이다.

그런데 만약 그 "얼굴"이 누군가를 향하게 되면 어떤 일이 벌어질까? 그것은 엄청난 축복이 될 수도 있고 반대로 무서운 저주가 될 수도 있다.

한편으로 하나님의 얼굴은 자비와 은총과 긍휼이 발산되는 원천이다. 하나님의 얼굴이 향하는 곳에는 개인과 공동체에 신적 보호와 풍성한 축복이 주어진다. 민수기 6장 23절 이하에 나오는 아론의 축복에 그런 의미가 담겨 있다.

> [23] 아론과 그의 아들들에게 말하여 이르기를 너희는 이스라엘 자손을 위하여 이렇게 축복하여 이르되 [24] 여호와는 네게 복을 주시고 너를 지키시기를 원하며 [25] 여호와는 그의 얼굴을 네게 비추사 은혜 베푸시기를 원하며 [26] 여호와는 그 얼굴을 네게로 향하여 드사 평강 주시기를 원하노라 할지니라 하라 (민 6:23-26)

하나님께서 얼굴을 누군가에게 향하신다거나 혹은 누군가로부터 돌리신다는 표현이 시편 곳곳에도 나온다. 시편 저자들은 하나님의 얼굴에서 빛이 나며, 그 빛나는 얼굴로 인해 구원을 얻는다고 노래하기도 하고(시 80:3, 19), 반대로 환난 중에 하나님의 얼굴을 돌리거나 숨기지 말아 달라고 간절히 애원하기도 한다(시 13:1; 22:24; 27:9; 69:17; 88:14; 102:2; 143:7). 신명기에서 하나님은 이스라엘 백성이 악을 행할 때 그들에게 진노하실 것이고 당신의 얼굴을 숨기실 것이라고 경고한다(신 31:17-18; 32:20). 왕국의 멸망과 성전의 파괴를 경험했던 예언자들 역시 그들의 트라우마를 회고하면서 "주께서 우리에게 얼굴을 숨기[셨다]" 라고 말한다(사 64:7; 겔 7:22; 대하 6:42; 30:9).

하지만 동일한 표현이 정반대의 뜻을 나타내기도 한다. 시편 34편을 보면, 하나님께서 얼굴을 누군가에게 돌리거나 향하심으로 진노의 심판을 시행하신다.

> 여호와의 얼굴은 악을 행하는 자를 향하사 그들의 자취를 땅에서 끊으려 하시는도다 (시 34:16)

예레미야가 받은 신탁 역시 이와 유사하다. 그는 하나님의 얼굴을 복과 동일시하는 사람들의 선입견을 깨뜨려 버린다.

> 여호와의 말씀이니라 내가 나의 얼굴을 이 성읍으로 향함은 복을 내리기 위함이 아니요 화를 내리기 위함이라 이 성읍이 바벨론 왕의 손에 넘김이 될 것이요 그는 그것을 불사르리라 (렘 21:10)

마찬가지로, 하나님께서 이스라엘에게 얼굴을 향하실 때, 그들에게 환난과 끊어짐이 임할 것이다(렘 44:11). 하나님의 눈은 그들의 행위를 살펴볼 것이다(렘 16:17). 또 하나님의 얼굴에는 노여움이 나타날 것이다(겔 38:18).

구약성경의 이런 표현들은 신약성경의 저자들에게도 영향을 미쳤다. 이를테면, 베드로는 하나님의 얼굴이 악행하는 자들을 향한다고 경고한다.

> 주의 눈은 의인을 향하시고 그의 귀는 의인의 간구에 기울이시되 주의 얼굴은 악행하는 자들을 대하시느니라 하였느니라 (벧전 3:12)

또한 요한계시록을 보면, 어린양이 일곱 인을 뗄 때마다 큰 재앙이 일어나고 땅에서 그것을 당하는 이들은 "보좌에 앉으신 이의 얼굴"과 "어린양의 진노"를 피해 숨게 해달라고 외친다.

> ¹⁶ 산들과 바위에게 말하되 우리 위에 떨어져 보좌에 앉으신 이의 얼굴에서와 그 어린양의 진노에서 우리를 가리라 ¹⁷ 그들의 진노의 큰 날이 이르렀으니 누가 능히 서리요 하더라 (계 6:16-17)

빛나는 얼굴, 천사 같은 얼굴

시편 80편에 따르면 하나님의 얼굴에서는 광채가 난다.

[3] 하나님이여 우리를 돌이키시고 주의 얼굴빛을 비추사 우리가 구원을 얻게 하소서 [19] 만군의 하나님 여호와여 우리를 돌이켜 주시고 주의 얼굴의 광채를 우리에게 비추소서 우리가 구원을 얻으리이다 (시 80:3, 19)

빛 그 자체는 힘, 기쁨, 지식, 생명 등을 상징할 수 있다. 하나님의 빛이 얼굴로부터 발산된다는 것은 그분과의 인격적 만남과 교제와 소통을 통해 우리에게 힘과 기쁨, 지식과 생명이 제공됨을 의미한다. 다시 말해, 하나님의 빛은 추상적이거나 물질적이지 않고 인격적이며 관계적이다.

그 빛은 예수 그리스도의 얼굴에도 나타났다. 예수님의 얼굴이 평소에도 빛이 난 것은 아니다. 예수님의 빛은 특정한 사건을 통해 드러났다. 그 사건은 예수님께서 처음으로 수난을 예고하신 뒤 일주일쯤 지나서 제자 셋과 함께 높은 산에 올라가셨을 때 일어났다.

¹ 엿새 후에 예수께서 베드로와 야고보와 그 형제 요한을 데리시고 따로 높은 산에 올라가셨더니 ² 그들 앞에서 변형되사 그 얼굴이 해 같이 빛나며 옷이 빛과 같이 희어졌더라 (마 17:2)

누가는 예수님께서 변형되기 전 산에서 기도하고 계셨다고 덧붙인다. 기도하실 때에 그분의 "용모가 변화되고 그 옷이 희어져 광채가 [났다]"(눅 9:29). 먼 훗날 베드로는 이때를 회고하면서 "그의 크신 위엄"을 친히 보았고 "지극히 큰 영광"이었다고 서술한다(벧후 1:16-17).

예수님의 얼굴만큼의 빛은 아니었지만, "천사의 얼굴"을 지녔던 사람도 있었다. 바로 스데반이다. 스데반은 예루살렘 교회에서 선출된 헬라파 유대인 그리스도인 지도자 중 한 명이었다. 그는 성령으로 충만했고 특별한 능력과 지혜를 겸비했다. 그러던 어느 날 예루살렘에 체류하던 헬라파 유대인들이 스데반을 표적으로 삼아 박해하기 시작했다. 그들은 군중과 인력을 동원해서 그를 잡아다가 공회에 넘겼고, 거짓 증인들을 동원하여 고발했다. 그때 "공회 중에 앉은 사람들이 다 스데반을 주목하여 보니 그 얼굴이 천사의 얼굴과 같[았다]"(행 6:15). 이후 스데반은 그들 앞에서 이스라엘의 역사를 개관했고, 설교 말미에 "의인"(행 7:52)이신 예수님을 십자가에 못

박아 죽인 죄를 회개하라고 촉구한다. 하지만 그들은 오히려 분노에 불타서 스데반을 성 밖으로 내치고 돌로 쳐 죽였다(행 7:58-59).

수건을 쓴 얼굴과 수건을 벗은 성경 해석

시내산에서 하나님의 영광을 목도하고 하나님의 계명이 새겨진 두 번째 돌판을 받은 모세가 산 아래에 있던 이스라엘 백성에게 돌아왔을 때, 그들은 오히려 모세에게서 물러났다. 그의 얼굴에서 광채가 나고 있었기 때문이다.

> [29] 모세가 그 증거의 두 판을 모세의 손에 들고 시내 산에서 내려오니 그 산에서 내려올 때에 모세는 자기가 여호와와 말하였음으로 말미암아 얼굴 피부에 광채가 나나 깨닫지 못하였더라 [30] 아론과 온 이스라엘 자손이 모세를 볼 때에 모세의 얼굴 피부에 광채가 남을 보고 그에게 가까이 하기를 두려워하더니
> (출 34:29-30)

모세는 하나님께서 명하신 바를 사람들에게 전달해야 했기 때문에 하는 수 없이 그의 얼굴을 수건으로 가렸다. 모세는

산 위아래를 오가며 하나님과 대화하고 또 백성과 소통했는데, 그럴 때마다 수건을 썼다가 벗기를 반복했다(출 34:34-35). 이것은 신구약성경을 통틀어 전무후무한 사건이다. 출애굽기에 따르면 모세가 "여호와와 말하였음으로 말미암아"(출 34:29) 얼굴에 광채가 났다. 정확한 과정이나 원리는 알 수 없지만 일종의 전이(轉移, transfer) 또는 반영(反影, reflection)이었을 것이다. 마치 야광처럼 하나님의 빛이 모세의 얼굴에 일시적이나마 옮겨졌거나, 아니면 거울처럼 그것을 되비쳤다고 할 수 있다.

하나님의 빛을 머금었던 모세의 얼굴 빛, 그리고 그것을 가리고자 수건을 썼던 일을 보고, 바울은 예수 그리스도 안에서 성경을 해석하는 원리를 설명하는 비유로 활용했다. 모세의 얼굴의 광채는 곧 그가 누렸던 율법 제정자라는 직분의 영광이었다. 다만 그 직분은 "돌에 써서 새긴 죽게 하는 율법 조문의 직분"(고후 3:7)이었다. 바울은 예수 그리스도의 십자가 복음을 전하는 자신의 직분을 모세의 직분과 대조한다. 그리고 이른바 "작은 것에서 큰 것으로의 논법"(*a minore ad maius*)을 활용하여 이렇게 말한다.

> ⁷ 돌에 써서 새긴 죽게 하는 율법 조문의 직분도 영광이 있어
> 이스라엘 자손들은 모세의 얼굴의 없어질 영광 때문에도 그 얼

굴을 주목하지 못하였거든 [8] 하물며 영의 직분은 더욱 영광이 있지 아니하겠느냐 [9] 정죄의 직분도 영광이 있은즉 의의 직분은 영광이 더욱 넘치리라 [10] 영광되었던 것이 더 큰 영광으로 말미암아 이에 영광될 것이 없으나 [11] 없어질 것도 영광으로 말미암았은즉 길이 있을 것은 더욱 영광 가운데 있느니라 (고후 3:7-11)

바울에게 있어서 모세의 얼굴을 가렸던 수건은 곧 동시대 유대인들의 눈에 덮인 율법주의적 성경 해석의 장애물이었다.

[14] 그러나 그들의 마음이 완고하여 오늘까지도 구약을 읽을 때에 그 수건이 벗겨지지 아니하고 있으니 그 수건은 그리스도 안에서 없어질 것이라 [15] 오늘까지 모세의 글을 읽을 때에 수건이 그 마음을 덮었도다 [16] 그러나 언제든지 주께로 돌아가면 그 수건이 벗겨지리라 (고후 3:14-16)

그리스도인은 주의 영이 계신 곳에서 자유를 누리며 관습과 전통, 편견과 선입견을 벗어버리고 "수건을 벗은 얼굴로 거울을 보는 것 같이 주의 영광을 [본다]"(고후 3:18). 수건을 벗어버림은 단순히 보는 것과 성경을 해석하는 것을 넘어 존재 전체의 변화에까지 이를 것이다.

> 우리가 다 수건을 벗은 얼굴로 거울을 보는 것 같이 주의 영광을 보매 그와 같은 형상으로 변화하여 영광에서 영광에 이르니 곧 주의 영으로 말미암음이니라 (고후 3:18)

거울에 비친 얼굴과 맞대고 보는 얼굴

거울에 얼굴을 비추어 보는 경험은 고대인들에게도 일종의 철학적 계기를 마련해 주었던 것 같다. 야고보 사도는 기독교 신앙에 관한 가르침을 듣기만 하고 실천하지 않는 경우를 두고 "거울로 자기의 생긴 얼굴을 보는 사람과 같[다]"(약 1:23)라고 말했다. 즉, "제 자신을 보고 가서 그 모습이 어떠했는지를 곧 잊어버[린다]"(약 1:24)는 것이다. 이처럼 거울로 얼굴을 보는 그 순간에 자신의 참된 모습을 발견할 수도 있지만, 그 각성이 이후의 삶에 아무런 변화도 일으키지 못한다면 그것은 결국 무의미하고 무가치한 일이 될 수밖에 없다.

바울도 거울에 비친 얼굴에 관해 언급한 적이 있다. 고린도 교회에 보낸 편지에서 사랑에 관한 찬가를 부르고 난 뒤, 바울은 다음과 같이 말한다.

우리가 지금은 거울로 보는 것 같이 희미하나 그 때에는 얼굴과 얼굴을 대하여 볼 것이요 지금은 내가 부분적으로 아나 그 때에는 주께서 나를 아신 것 같이 내가 온전히 알리라 (고전 13:12).

고대 세계에서 거울은 청동 재질이었고 고린도는 품질 좋은 청동 거울을 생산하는 곳으로 명성을 누렸다. 오늘날 우리가 사용하는 거울만큼 뚜렷하게 비추지는 못했지만 그래도 정교하게 제작된 청동 거울의 경우 상당히 정확한 반영을 만들어냈다. 따라서 바울이 말한 거울에 비친 모습의 희미함은 실물의 왜곡이라기보다, 그것이 거울에 비친 모습의 한계, 즉 '간접성'을 의미한다. 이와 대조적으로 생생하고 직접적으로 보게 되는 "그 때"가 올 것이다. 그 때에는 "얼굴과 얼굴을 대하여 볼 것이[다]".

"그 때"는 언제인가? 바로 새 하늘과 새 땅의 시대, 새 예루살렘이 하늘에서 땅으로 내려오는 때이다. 요한은 마지막 환상에서 "그 때" 우리가 하나님을 맞대고 직접 그분의 얼굴을 볼 것이라고 약속한다. "그 때"에는 다시 밤이 없고 등불과 해도 필요 없을 것이다.

> ³ 다시 저주가 없으며 하나님과 그 어린양의 보좌가 그 가운데
> 에 있으리니 그의 종들이 그를 섬기며 ⁴ 그의 얼굴을 볼 터이요
> 그의 이름도 그들의 이마에 있으리라 ⁵ 다시 밤이 없겠고 등불
> 과 햇빛이 쓸 데 없으니 이는 주 하나님이 그들에게 비치심이
> 라 그들이 세세토록 왕 노릇 하리로다 (계 22:3-5)

"그 때"가 오면 모세조차 볼 수 없었던 하나님의 얼굴을 하나님과 그 어린양의 종들이 보게 될 것이다. 그런데 지금 우리는 어떠한가? 바울의 말처럼 지금은 어쩔 수 없는 거울의 시대인가? 희미하고 부분적으로 아는 것에 만족하며 견뎌야 하는가? 바울은 고린도후서에서 현시대에도 하나님께서 허락하는 빛이 있음을 확인해 준다.

> 어두운 데에 빛이 비치라 말씀하셨던 그 하나님께서 예수 그리
> 스도의 얼굴에 있는 하나님의 영광을 아는 빛을 우리 마음에
> 비추셨느니라 (고후 4:6).

부활하시고 하늘 보좌 우편에 올라 앉으신 예수 그리스도의 얼굴의 빛이 이미, 그리고 계속해서 우리를 비추고 있다. 그 빛은 곧 "하나님의 영광을 아는 빛"이다.

9장_어린양

　신약성경을 기록한 언어는 **코이네**라고도 불리는 고대 그리스어다. 다른 언어처럼 그리스어도 한 단어의 의미가 여러 가지 요소를 담고 있다. 의미를 만드는 기본 요소는 어원(語原)이다. 하지만 오랜 시간을 거치면서 어원적 의미에 이런 저런 뉘앙스가 붙기도 하고, 또 완전히 새로운 의미로 변하기도 한다. 어원적 의미를 변화시키는 직접적 요인은 문맥이다. 문맥에는 저자의 의도와 수사학, 그리고 문법적 법칙들이 작용한다.

　이런 내용을 고려하면 성경에 사용된 단어가 가진 의미의 풍성함을 맛볼 수 있다. 영어 단어장을 암기하는 식으로 하나의 그리스어 단어에 하나의 우리말 뜻을 짝짓는 방식으로는 성경을 올바로 해석할 수 없다. 이제 신약성경의 단어들 중 흥

미롭고 중요한 몇 단어들을 골라 그 복잡미묘한 층위들을 추적하고자 한다. 각 단어들의 어원이나 정의뿐만 아니라 단어에 얽힌 문화적 현상과 신앙적 현상을 음미해 보려고 한다.

아뉴스 데이

아뉴스 데이(*Agnus Dei*). "하나님의 어린양"이라는 뜻을 가진 이 라틴어 문구는 기독교 역사상 가장 많이 불린 찬송 가사 중 하나다. 아뉴스 데이는 목사가 성만찬을 위해 떡과 잔을 준비하는 동안 회중이 함께 부르는 찬송이다. 교파마다 가락은 다르지만 가사는 대체로 다음과 같다. "세상 죄를 지고 가는 하나님의 어린양, 우리를 불쌍히 여기소서."

이 찬송은 본래 초기 시리아 동방교회에서 유래했다. 그리고 주후 7세기 말 로마교회에 처음 도입되어 오늘날까지 많은 교파와 교회에서 불리고 있다. 프란츠 슈베르트나 가브리엘 포레, 새뮤얼 바버 같은 음악가들도 이 찬송가와 동일한 제목의 곡들을 작곡했다. CCM 가수 마이클 스미스도 2001년에 「하나님의 어린양」(*Agnus Dei*)을 발표했는데, 이는 지금도 영어권 예배 집회에서 자주 들을 수 있는 인기 있는 찬양이다.

신약의 암노스

신약성경에서 하나님의 어린양이라는 표현은 딱 두 구절에 나온다. 두 구절 모두 요한복음 1장에 나온다. 구체적으로 세례 요한과 예수님이 만나는 장면이다. 요단강 건너편 베다니에서 세례를 베풀던 요한은 예수님께서 자신에게 다가오는 것을 보고 이렇게 말한다.

> 이튿날 요한이 예수께서 자기에게 나아오심을 보고 이르되 보라 세상 죄를 지고 가는 하나님의 어린양이로다 (요 1:29)

다음 날, 요한은 예수님을 가리키며 제자들에게 다시 한 번 말한다.

> [35] 또 이튿날 요한이 자기 제자 중 두 사람과 함께 섰다가 [36] 예수께서 거니심을 보고 말하되 보라 하나님의 어린양이로다 (요 1:35-36)

사실 두 구절 모두 동일한 화자가 거의 동일한 시기에 예수님을 가리키면서 했던 말을 담고 있기에 사실상 하나의 사례라고 볼 수 있다.

두 구절에서 우리말 "어린양"으로 번역된 그리스어 명사는 **암노스**(ἀμνός)다. 이 단어는 칠십인역 구약성경에는 101회나 나오지만, 신약성경에는 단 4회만 나오는 희귀한 단어다. 구약성경에 나오는 **암노스**의 용례 중 대부분은 하나님께 바치는 희생 제물 중 하나인 일 년 된 숫양을 가리킨다. 어린양을 제물로 바치는 제사나 절기는 다양하다. 매일 드리는 번제, 부정함에서 벗어나기 위해 행하는 정결 예식, 나실인 서원을 마치면서 드리는 제사, 그리고 속죄제사를 위해서도 일 년 된 숫양 즉, **암노스**를 바쳤다.

암노스가 신약성경에 사용된 용례 중 하나인 사도행전 8장을 보자. 헬라파 유대인들의 지도자였던 빌립은 성령의 이끌림을 받아 유대 남쪽 광야 근처에 있는 길까지 갔다. 거기에서 빌립은 예루살렘에 예배하러 왔다가 돌아가던 한 에디오피아 사람을 만난다. 그 사람은 구약성경을 큰 소리로 읽고 있었는데 빌립에게 그중 한 구절에 관해 질문을 던진다.

[30] 빌립이 달려가서 선지자 이사야의 글 읽는 것을 듣고 말하되 읽는 것을 깨닫느냐 [31] 대답하되 지도해 주는 사람이 없으니 어찌 깨달을 수 있느냐 하고 빌립을 청하여 수레에 올라 같이

앉으라 하니라 ³² 읽는 성경 구절은 이것이니 일렀으되 그가 도살자에게로 가는 양과 같이 끌려갔고 털 깎는 자 앞에 있는 어린양이 조용함과 같이 그의 입을 열지 아니하였도다 (행 8:30-32)

32절에 "양"이 두 번 나오는데 그 중 뒤에 나오는 "어린양"이 바로 **암노스**다. 이사야 53장 후반부에 나오는 용례를 포함하여 구약성경 대부분의 용례와 달리, 사도행전 8장 32절에 나오는 **암노스**는 희생제물이 아니다. 그 양은 털 깎는 동안 조용히 자신을 내어 맡긴 겸손과 순종의 심상으로서의 어린양이다.

신약에서 암노스가 나오는 또 다른 구절은 베드로전서 1:19이다. 베드로는 소아시아 북부 지역의 이방인 그리스도인들에게 편지를 쓰고 있었고 그들이 신앙인이 되기 전 상태를 상기시키면서 이렇게 썼다.

¹⁸ 너희가 알거니와 너희 조상이 물려 준 헛된 행실에서 대속함을 받은 것은 … ¹⁹ 오직 흠 없고 점 없는 어린양(**암노스**) 같은 그리스도의 보배로운 피로 된 것이니라 (행 1:18-19)

두 가지 특이점이 보인다. 먼저 **암노스** 앞에 "흠 없고 점 없는"이라는 수식어가 붙어 있다. 이 수식어는 구약성경에서 희생제물로서 합당한 상태를 묘사할 때 사용된다(총 43회). 희생제물로서 **암노스**를 말하고 있다는 점은 "피"의 언급으로 확실해진다. 속죄제사를 바칠 때 제사장은 희생제물을 죽이고 곧바로 그 피를 제단 바닥에 쏟는다. 피는 생명을 상징한다. 동물은 피를 쏟음으로써 그 생명을 내놓았고 제사를 드리는 사람은 자기 생명을 부지할 수 있게 된다. 이런 생명의 교환이야말로 속죄제사가 작동하는 기본적인 메커니즘이다(히 9:27 참조).

요한과 하나님의 암노스

이제 요한복음 1장으로 돌아가 보자. 29절과 36절에 공통으로 하나님의 **암노스**라는 표현이 나온다. 이것이 무슨 뜻일까? 그리스어 통사론에서 속격(genitive)은 다양한 의미를 표현할 수 있다. 그중 여기에 적용할 만한 것은 세 가지다.

1. 묘사 혹은 속성의 속격: 신성을 지닌 **암노스**
2. 관계적 속격: 하나님의 아들인 **암노스**
3. 기원의 속격: 하나님으로부터 온(보냄 받은) **암노스**

셋 모두 요한복음의 신학, 특히 기독론에 어느 정도 부합한다. 하지만 하나님의 암노스를 이해하기 위해서는 해당 문맥, 즉, 1장 19절 이하에 펼쳐지는 이야기를 꼼꼼히 살필 필요가 있다. 1장 18절까지 서문이 끝나고 19절부터는 요한복음의 본론이다.

> ¹⁸ 본래 하나님을 본 사람이 없으되 아버지 품 속에 있는 독생하신 하나님이 나타내셨느니라 ¹⁹ 유대인들이 예루살렘에서 제사장들과 레위인들을 요한에게 보내어 네가 누구냐 물을 때에 요한의 증언이 이러하니라 (요 1:18-19)

이 장면에서 주인공은 세례 요한이다. 사실 세례 요한이라는 호칭은 마태복음과 마가복음에서 유래했다(마 3:1; 막 1:4). 엄밀히 따지면 마태복음에는 요한이라는 이름 뒤에 세례자(ὁ βαπτιστής)라는 명사가 붙어 있어 "세례 요한"이라는 호칭이 가능하다. 하지만 마가복음에는 명사 대신 분사(βαπτίζων)가 이어지고 있어 그 분사 앞에 관사가 있느냐 없느냐에 따라 의미가 달라질 수 있다. 만약 관사가 없다면(사본학자들은 그럴 가능성에 더 무게를 둔다) 마가복음 1장 4절은 "요한이 나타나서 광야에서 세례를 베풀고 있었다"로 번역되어야 한다. 한국어성경에는 모두 마태복음처럼 "세례 요한이 …"라고 번역되어 있다. 반면, 영어성경 중 ESV는 분사 구문을 살려서 "John appeared, baptizing in the wilderness"라고 옮겼다.

누가는 세례 요한이라는 호칭을 쓰지는 않지만 요한의 세례 활동에 대해 비교적 상세하게 기록했다. 하지만 요한복음은 다르다. 요한복음에는 "세례 요한"이라는 호칭이 나오지 않을 뿐만 아니라, 굳이 호칭을 붙이자면 "세례자"보다는 "증언자"가 더 어울린다(요 1:19; 1:7 참조). 물론 요한복음 저자도 요한이 세례를 베풀었다고 언급하기는 한다. 하지만 요한이 세례를 베푼 목적은 이스라엘을 회개시켜서(마 3:2) 죄 사함을 받게 하기 위함이(막 1:4; 눅 3:3) 아니라, 예수님을 이스라엘에 나타내기 위해서였다(요 1:31). 게다가 다른 복음서와 달리 요한복음에는 예수님이 요한에게 세례 받는 장면도 나오지 않는다.

회개의 요청이 없으니 죄에 대한 고발도 없다. 공관복음 속 세례 요한은 유대인들의 죄를 신랄하게 지적했다(마 3:7-10; 눅 3:7-9). 하지만 그러한 지적을 요한복음에서는 들을 수 없다. 도리어 유대인들이 요한에게 질문 공세를 퍼부으며 따지는 상황이 그려진다. 그들이 요한에게 그리스도인지 엘리야인지 혹은 "그 선지자"인지를 물으면서, 도대체 무슨 권위로 세례를 주느냐고 따졌을 때, 요한은 자신이 단지 "소리"일 뿐이라고 답한다.

²⁰ 요한이 드러내어 말하고 숨기지 아니하니 드러내어 하는 말이 나는 그리스도가 아니라 한대 ²¹ 또 묻되 그러면 누구냐 네가 엘리야냐 이르되 나는 아니라 또 묻되 네가 그 선지자냐 대답하되 아니라 ²² 또 말하되 누구냐 우리를 보낸 이들에게 대답하게 하라 너는 네게 대하여 무엇이라 하느냐 ²³ 이르되 나는 선지자 이사야의 말과 같이 주의 길을 곧게 하라고 광야에서 외치는 자의 소리로라 하니라 (요 1:20-23)

그러고 나서 "너희 가운데 너희가 알지 못하는 한 사람"(요 1:26)이 일어날 것과, "내 뒤에 오시는 그이"(요 1:27)를 언급한다. 메시아에 대한 이 두 가지 묘사는 상당히 모호하다. 그런 불평을 듣기라도 한 듯, 그 다음 날 예수님을 다시 만났을 때 요한이 예수님을 가리켜 불렀던 구체적인 칭호가 바로 "세상 죄를 지고 가는 하나님의 어린양"(요 1:29)이다. 즉, 이 칭호는 요한이 유대인들에게 메시아를 처음으로 소개하면서 했던 말이라는 점을 기억할 필요가 있다.

놀랍게도 이 칭호가 정확히 무슨 의미인지에 대해서는 요한복음에 아무런 설명도 나오지 않는다. 굳이 자세히 설명하지 않아도 1세기 독자들은 누구나 쉽게 이해할 수 있었던 것일까? 요한은 예수님에 관해 자신이 관찰하고 판단한 내용을 덧붙인다. 첫째, 예수님은 선재(先在)하신다.

> 내가 전에 말하기를 내 뒤에 오는 사람이 있는데 나보다 앞선 것은 그가 나보다 먼저 계심이라 한 것이 이 사람을 가리킴이라 (요 1:30)

물리적인 시간으로 보면 예수님은 요한보다 뒤에 오셨다. 하지만 구원의 역사를 기준으로 하면, 예수님은 요한과 세상 모든 피조물보다 앞선다. 예수님은 물리적 시공간에 제한되지 않는 신적인 존재라는 것이다.

둘째, 예수님 위에 성령이 비둘기처럼 임했다.

> [33] 나도 그를 알지 못하였으나 나를 보내어 물로 세례를 베풀라 하신 그이가 나에게 말씀하시되 성령이 내려서 누구 위에든지 머무는 것을 보거든 그가 곧 성령으로 세례를 베푸는 이인 줄 알라 하셨기에 (요 1:33)

요한에 따르면 예수님이 "성령으로 세례를 베푸는 이"라는 사실이 드러났다. 즉, 예수님은 신적 권위를 가지고 가르치며 행동하신다.

셋째, 예수님은 "하나님의 아들"이다(34절).

내가 보고 그가 하나님의 아들이심을 증언하였노라 하니라 (요 1:34)

참고로 고대 사본 중 "하나님의 택하신 자"라고 써 있는 사본들도 있다. 상당수 주석가들은 그것이 원문에 더 가깝다고 추정하기도 한다. 요한은 예수님에 관한 이 세 가지 특징을 확증하면서, "보라 하나님의 어린양이로다"라고 또다시 외쳤다.

예수께서 거니심을 보고 말하되 보라 하나님의 어린양이로다 (요 1:36)

세상 죄를 지고 가는 혹은 없애버리는 하나님의 암노스

"하나님의 암노스"의 의미를 명확히 밝히기 위해 29절에 나오는 수식어, "세상 죄를 지고 가는"을 살펴 볼 필요가 있다. 우리말로 "지고 가[다]"라고 번역된 동사 아이레인(αἴρειν)은 신약성경에서 총 101회 사용되었는데 거의 항상 "들어 올리다" 혹은 "빼앗아 없애다", "제거하다"라는 뜻으로 사용되었다. 죄를 지고 감으로써 결과적으로 죄를 없앤다고 할 수도 있으므로 완전히 틀린 번역은 아니다. 하지만 운반이나 이동이 이 동사의 일차적 의미가 아니라는 점은 확실하다. 그래서 『성경전서 새번역』(대한성서공회, 2001)의 난외주에는 "'제거하는' 또는 '치워 없애는'으로 번역할 수도 있음"이라고 되어 있고, 『성경전서 공동번역 개정판』(대한성서공회, 1999)에는 "이 세상의 죄를 없애시는"이라고 번역되어 있다. 2021년에 나온 『새한글성경』에는 "세상 죄를 치워버리시는 분"이라고 옮겨져 있다.

"세상 죄를 지고 간다"라는 표현에는 네 가지 성경적 모티프가 얽혀 있다. 바로 유월절, 속죄제, 대속죄일, 그리고 '주님의 종'이다.

첫째, 유월절이 제정되던 날, 이스라엘 백성은 각 가정의 사람 수에 맞춰 어린양 곧 일 년 된 숫양을 잡았다. 그리고 그 피를 문설주와 인방에 발랐고 고기를 구워 먹었다(출 12:1-14). 이 이야기에서 어린양, 특히 그것의 피는 이스라엘 백성에게 구원을 보장했다고 할 수 있다. 다만, 거기에는 죄에 대한 언급이 없기 때문에 양의 피가 사죄의 효력이 있었는지는 불분명하다. 칠십인역 구약성경 출애굽기 12장에 등장하는 "어린양"은 **암노스**가 아니라 **프로바톤**(πρόβατον)이라는 점도 걸린다.

둘째, 속죄제 절차를 규정한 레위기 4장에도 "어린양"이 등장한다. 여기서도 어린양은 **암노스**가 아니라 **프로바톤**이다. 평민이 부지 중 범한 죄를 사함받고자 할 때는 염소 혹은 양을 바쳐야 했다. 이때 제물은 수컷이 아닌 암컷이어야 했다. 하지만 속죄제사의 목적은 각 개인의 죄를 사하는 것이지 세상 죄를 사하는 것이 아니다. 칠십인역 구약성경 레위기에서 죄 사함을 표현한 동사는 **아이레인**이 아니라 **아피에미**(ἀφίημι, "놓아 주다", "탕감하다")라는 점도 걸린다.

셋째, 세상 죄를 지고 가는 어린양과 연관된 또 다른 성경 이야기는 대속죄일 제의 규정이다. 일 년 중 하루, 일곱째 달 십일, 우리 달력으로는 9월 말이나 10월 초에 온 이스라엘은 언약 공동체로서 함께 책임져야 할 "이스라엘 자손의 부정과 그들이 범한 모든 죄"(레 16:16)를 처리하기 위해 특별한 의식을 행했다. 그중 가장 특별한 점은 아사셀 의식이었다. 먼저, 이스라엘 백성을 위한 속죄제물로 염소 두 마리가 준비되었다. 제비를 뽑아 한 마리를 잡아 피를 쏟고 제단에 태우고, 다른 한 마리는 산 채로 접근하기 어려운 땅에 끌고 나가서 아사셀을 위해 광야에 풀어 주었다(레 16:10). 염소를 끌고 나가기 전 먼저 제사장은 두 손으로 염소의 머리에 안수하면서 이스라엘 자손의 모든 불의와 그들이 범한 모든 죄를 고백했다. 그렇게 함으로 죄는 염소의 머리에 놓이게 되었고, 염소는 그들의 모든 불의를 지고 광야로 나갔다(레 16:21-22). 그런데 구약성경 전반에 걸쳐 "(등이나 어깨 위에) 짊어진다"라는 뜻의 히브리어 동사 **나싸**가 총 658회 나오고, 그 중 181회가 칠십인역 구약성경에서 그리스어 **아이레인**으로 번역되었다. 즉, 아이레인을 써서 "세상 죄를 '지고 간다'"라고 표현했던 요한의 외침의 배경에는 이스라엘의 모든 불의를 '지고' 광야로 나갔던 아사셀 염소가 있을 수 있다. 물론 **암노스**는 염소가 아니라 양이라는 점이 걸리고, 레위기 16장에서 짊어짐을 표현하는 동사가 아이레인이 아니라 **람바네인**(λαμβάνειν, "받다", "취하다")이라는 점도 걸린다.

넷째, 하나님의 **암노스**의 배경에 이사야 53장 11절에 묘사된 주님의 의로운 종이 있다.

> [11] 그가 자기 영혼의 수고한 것을 보고 만족하게 여길 것이라 나의 의로운 종이 자기 지식으로 많은 사람을 의롭게 하며 또 그들의 죄악을 친히 담당하리로다 [12] 그러므로 내가 그에게 존귀한 자와 함께 몫을 받게 하며 강한 자와 함께 탈취한 것을 나누게 하리니 이는 그가 자기 영혼을 버려 사망에 이르게 하며 범죄자 중 하나로 헤아림을 받았음이니라 그러나 그가 많은 사람의 죄를 담당하며 범죄자를 위하여 기도하였느니라

메시아 예수님의 이미지를 이사야 53장에서 발견한 것은 에디오피아 내관뿐만이 아니다. 여러 신약성경 저자들이 그랬고 또한 요한도 그랬을 가능성이 있다. 무엇보다 주님의 의로운 종이 많은 사람의 죄를 담당할 것이라는 예언은 하나님의 어린양이 세상 죄를 지고 간다는 표현과 일맥상통하는 부분이 있다(사 53:11-12). 우리말로 "담당하리로다"로 번역된 그리스어 아나페레인(ἀναφέρειν, "들어 올리다")이 요한복음의 아이레인과 의미가 겹치기 때문이다.

대신 죽는 제물 혹은 싸워 이기는 전사

지금까지 살펴 본 내용을 종합하자면, 세례 요한이 외친 하나님의 암노스는 구약성경에 나오는 여러 개념의 조각들로 이루어진 일종의 모자이크라 할 수 있다. 그 호칭은 왜 요한복음 1장에 나왔을까? 요한복음의 독자들은 서문을 읽고 본론으로 접어들었을 때, 메시아 예수님을 소개하는 첫 번째 호칭으로 "하나님의 암노스"라는 표현을 듣게 된다.

서문에 따르면 태초부터 계신 말씀, 하나님과 함께 계신 영원한 독생자가 육체가 되었다. 자신이 지은 세상에, 곧 "자기 땅에"(요 1:11) 오신 것이다. 하지만 그 세상은 어둠과 반역으로

점철된 무지의 땅이자 광야와 같은 땅이다. 그 땅에서 독생자 예수님은 어둠과 반역과 무지와 불신과 욕망으로 똘똘 뭉친 "세상 죄를 지고 가셨다".

하지만 어린양이 세상 죄를 어떻게 지고 가는 것인지, 더 정확히는 어떻게 없애버리는 것인지는 여전히 미궁에 빠져 있다. 세례 요한의 발언은 말할 것도 없고 요한복음 전체를 보더라도 자신의 목숨을 대속물로 준다는 개념, 특히 피로 상징되는 대속적 죽음의 심상은 찾아보기 힘들다(요 6:54? 10:11? 11:24?). 그래서 이 문제에 답하기 위해 제시된 또 다른 심상이 있는데, 그것은 바로 요한계시록에 나오는 어린양이다.

일단 요한계시록 속 "어린양"은 암노스가 아니라 아르니온(ἀρνίον)이라는 점을 지적하고 시작해야겠다. 아르니온은 구약성경에 단 네 차례 나오고(시 113:4, 6; 렘 11:19, 27:45), 신약성경에서도 총 30회 정도 밖에 나오지 않는데, 그 중 요한계시록에만 29회 나온다(나머지 하나는 요한복음 21:15에 나온다). 요한계시록에 나오는 "어린양"은 요한복음과는 다른 어휘다. 하지만 아르니온은 아렌(ἀρήν, 나이와 무관하게 "양"을 지칭)의 축소형이기 때문에 "작은 양", "어린양"이라는 번역이 가능하다. 따라서 개념적으로는 둘 다 어린양을 가리킨다.

요한계시록의 아르니온의 경우 요한복음은 말할 것도 없고 신구약성경 그 어디에도 나오지 않는 독특한 어린양 사상을 내보인다. 바로 전사(warrior), 승리자(victor), 주권자(sovereign)로서의 어린양이다. 요한계시록을 보면, 그런 어린양에게 네 생물과 이십 사 장로와 온 천사와 세계가 다 엎드려 경배한다. 아르니온은 왜 최고의 경배를 받기에 합당한가?

> 그들이 어린양과 더불어 싸우려니와 어린양은 만주의 주시요 만왕의 왕이시므로 그들을 이기실 터이요 또 그와 함께 있는 자들 곧 부르심을 받고 택하심을 받은 진실한 자들도 이기리로다 (계 17:14)

아르니온은 역사의 끝에서 악한 세력과 싸워 이기실 것이기 때문이다. 아르니온은 하나님과 함께 보좌에 앉으실 것이다 (계 22:1, 3). 또한 아르니온은 성도들의 목자이자(계 7:17), 신랑이자(계 19:7, 9), 성전이자(계 21:22), 등불(계 21:23)이다. 요한계시록 속 아르니온은 유월절의 어린양, 속죄제물로 바쳐진 어린양처럼 일찍 죽임을 당했다(계 5:6). 하지만 그 강조점은 죽음에 있지 않고, 죽음으로 이룬 승리와 능력과 영광에 있다.

이러한 요한계시록 속 아르니온의 빛 아래에서 요한복음의 암노스를 읽는다면 어떻게 될까? 죄의 실체인 악한 영의 권세를 꺾어 소멸시킴으로써 세상 죄를 치워 없애 버릴 수는 없는 것일까? 당연히 그럴 수 있다. 그런 점에서 **암노스**는 아르니온을 반영한다. 현대 기독교 음악에서 가장 영향력 있는 인물 중 한 명인 마이클 스미스(Michael W. Smith)는 요한복음을 배경으로 「하나님의 어린양」(*Agnus Dei*)이라는 제목의 노래를 지었다. 하지만 막상 노래 가사에는 요한계시록에 담긴 존귀한 승리자에 대한 이야기를 넣었다. 그가 결코 신학 지식이 짧아서 두 책을 혼동한 것은 아니었다.

누가 양인가?

구약성경에서 "양떼"는 곧 이스라엘 백성을 가리킨다. 신약성경에서 예수님을 믿고 따르는 이들도 "양떼"로 여겨졌다(막 14:27; 행 20:28; 히 13:20; 요 10:1-18; 요 21:15에서 예수님은 베드로에게 "내 어린양을 먹이라"고 명령하신다). 동시에 양떼인 성도들은 예수님을 가리켜 "어린양"이라고 부른다. 그로써 우리는 예수님이 우리 중 하나와 같이 되셨음(성육신)을 고백하는 것이다.

다르게 말하면, 예수님이 우리와 같이 되신 것처럼 우리는 그분과 같이 될 것이다. 세례 요한이 예수님을 가리켜 두 번째로 "하나님의 어린양"이라고 불렀을 때, 그 말을 들은 요한의 제자 둘이 예수님을 따랐다(요 1:35-40).

> ³⁵ 또 이튿날 요한이 자기 제자 중 두 사람과 함께 섰다가 ³⁶ 예수께서 거니심을 보고 말하되 보라 하나님의 어린양이로다 ³⁷ 두 제자가 그의 말을 듣고 예수를 따르거늘 … ⁴⁰ 요한의 말을 듣고 예수를 따르는 두 사람 중의 하나는 시몬 베드로의 형제 안드레라 (요 1:35-40)

그날 이후 안드레(그리고 이름이 알려지지 않은 또 한 사람)는 요한계시록의 환상에서 "어린양이 어디로 인도하든지 따라가는 자"(계 14:4)로 묘사된, 예수님의 참 제자가 되었다. 따라서 우리는 "예수, 어린양 존귀한 이름"의 찬송을 부르는 것으로 끝나서는 안 된다. 하나님의 어린양을 따라 우리도 그분의 삶과 죽음, 그리고 부활에 동참하는 양떼가 되어야 한다.

부록_전치사

전치사 신학

우리말에는 없지만 고대 그리스어에 있는 중요한 언어 요소 중 하나가 바로 전치사이다. 전치사는 항상 명사 앞에 놓인다. 명사와 전치사는 한 덩어리가 되어(전치사구) 문장 안에서 특히 동사를 꾸미는 역할을 한다. 형용사를 꾸미는 경우도 있고, 명사를 꾸미는 경우도 있지만 동사를 꾸미는 부사어의 역할이 훨씬 더 자주 나온다. 그렇기 때문에 전치사는 그것이 관계를 맺는 동사에 의해서 영향을 받는다. 전치사구만 따로 떼어서 보면 안 된다. 똑같은 전치사구라 하더라도 어떤 동사를 꾸미는가에 따라 의미가 달라진다.

전치사구는 자주 동사와 결합하기도 한다. 마치 동사 앞에 접두어처럼 붙어서 한 단어가 되어 버린다. 그런 합성동사들의 목적어는 접두어로 사용된 전치사의 지배를 받는다. 성경에 나타나는 전치사는 모두 17개 정도인데, 그것들이 신약성경에 사용된 횟수는 10,000회가 넘는다. 그 중에서도 가장 빈번하게 나타나는 전치사 4개를 살펴보자.

엔 - 장소, 도구, 혹은 관계

전치사 엔(ἐν)은 신약성경에서 총 2,757회나 사용되었다. 그 다음으로 많이 쓰인 에이스(1,768회)보다 월등히 더 자주 사용된 전치사다. 자주 쓰인 만큼이나 그 의미도 다양하다. 본래는 물리적 공간에서 특정한 위치("-에 [있다]") 혹은 어떤 것의 내부("-안에 [있다]")를 가리킨다. 하지만 신약성경에서 그보다 더 자주 나오는 의미는 추상적이고 관념적인 의미다. 그 중 가장 흔한 것은 수단 혹은 도구이다("-[의]로써"). 고전 그리스어에서는 명사의 여격으로 수단이나 도구를 표현했다. 하지만 헬레니즘 시대(주전 3세기 이후)에 들어서면서 전치사 엔과 명사 여격을 결합하여 수단과 도구를 표현하는 경우가 잦아졌다. "예수께서 그들을 불러다가 비유로(ἐν) 말씀하시되…"(막 3:23), "각 사람의 공적이 나타날 터인데 그 날이 공적을 밝히리니 이는 불로(ἐν) 나타내고…"(고전 3:13), "그의 영광의 힘을 따라 모든 능력으로(ἐν) 능하게 하시며…"(골 1:11)와 같은 문장에 전부 전치사 엔이 쓰였다. 또한 "그리스도의 피로"(눅 22:20; 롬 3:25; 5:9; 고전 11:25; 엡 2:13; 히 10:19; 계 1:5; 5:9; 7:14)라는 표현은 예수님의 죽음이 사람들의 구원을 가능하게 하는 필수적인 수단임을 나타내는 환유법이다.

이처럼 수단과 도구라는 기본 개념으로부터 다양한 의미가 파생되었다. 행위 주체("광야에서 사십 일 동안 성령에게[ἐν] 이끌리시며"[눅 4:1]; "세상도 너희에게[ἐν] 판단을 받겠거든"[고전 6:2]), 이유("그들은 말을 많이 하여야[ἐν] 들으실 줄 생각하느니라"[마 6:7]; "모세가 이 말 때문에[ἐν] 도주하여"[행 7:29]; "전에 악한 행실로써[ἐν] 멀리 떠나 마음으로 원수가 되었던 너희를"[골 1:21]→"악한 행실 때문에"), 부대 상황("무할례자로서[ἐν] 부르심을 받은 자가 있느냐"[고전 7:18]→"무할례자인 상태에서") 등이 이에 해당한다.

마지막 의미, 즉 전치사 엔이 부대 상황이나 상태를 묘사하는 경우, 문맥에 따라 여러 가지 해석이 가능하다. 예를 들어, 고린도전서 7장 15절을 보자.

> 혹 믿지 아니하는 자가 갈리거든 갈리게 하라 형제나 자매나 이런 일에 구애될 것이 없느니라 그러나 하나님은 화평 중에서 너희를 부르셨느니라 (고전 7:15)

여기서 바울은 신자가 불신 배우자와 결혼 관계를 반드시 유지해야 할 의무는 없다고 가르친다. 즉, 불신자 편에서 (신앙을 이유로) 먼저 이혼하고자 하면 이혼할 수 있다는 것이다. 그런데 15절 하반절에서 바울이 덧붙인 말, "하나님은 화평 중에서 (ἐν εἰρήνῃ)" 신자를 부르셨다는 말은 무슨 의미일까? 예수 그리스도를 통해 하나님과 화목하게 되어서 영적 평화를 누린다는 뜻일까? 그 말 자체는 틀리지 않지만 어쩐지 이 상황과 잘 어울리지 않는 것 같다. 상반절과 연결지어서 생각한다면, 불신자와 갈라섬으로 더 이상 신앙 문제로 갈등할 일이 없는, 그래서 신자들이 내면적으로 '화평한 상태'에서 살아가기를 하나님이 원하신다는 의미일까? 아니면 정반대로, 불신 배우자라 하더라도 어떻게 하든 이해하고 사랑하면서 화평한 가정을 유지하며 사는 것이 하나님의 뜻이라는 의미일까? 대부분 주석가들은 후자라고 생각한다. 이어지는 16절을 보면 불신 배우자를 구원하는 은혜의 통로로서의 가능성이 언급되기 때문이다("아내 된 자여 네가 남편을 구원할는지 어찌 알 수 있으며 남편 된 자여 네가 네 아내를 구원할는지 어찌 알 수 있으리요"[고전 7:16]). 그렇게 그리스도 안에서 진정한 평화의 상태에 들어갈 것을 기도하며 구하라는 말씀으로 15절 하반절을 이해할 수 있다.

이번에는 골로새서 3장 16절을 살펴보자.

> 그리스도의 말씀이 너희 속에(ἐν ὑμῖν) 풍성히 거하여 모든 지혜로 피차 가르치며 권면하고 시와 찬송과 신령한 노래를 부르며 감사하는 마음으로 하나님을 찬양하고 (골 3:16)

이는 전치사 **엔**을 포함한 표현이 두 가지 의미를 모두 가질 수 있는 사례다. 여기서 "너희 속에"로 번역된 전치사구 **엔 휘민**(ἐν ὑμῖν)은 신자 각자의 내면일 수도 있고, 신자들이 모여 이룬 공동체일 수도 있다. 『개역개정』은 전자의 의미로 번역했고("너희 속에"), 『새번역』은 후자의 의미로 번역했다("여러분 가운데"). 하반절 내용을 고려한다면 공동체 가운데에 공유되고 나누어지는 그리스도의 말씀을 가리킬 가능성이 높지만, 신자 각자가 말씀의 은혜를 풍성히 받아 그것이 공동체 차원의 은혜로 나타난다는 의미일 수도 있다.

전치사 엔이 들어간 어구 중 가장 심오하고 파악하기 어려운 것은 바로 "그리스도 안에서"로 번역되는 **엔 크리스토**(ἐν Χριστῷ)다. 이 표현은 신약성경에 총 170회 정도 나오는데 대부분 바울이 사용했다. 그래서 이 전치사구를 이해할 수 있다면 바울신학의 핵심을 파악했다고 말해도 과언이 아니다. 바울의 "그리스도 안에서"는 크게 두 개의 범주로 나뉜다. 한 범주에는 그리스도와의 실존적 관계를 다루는 구절들이 있고 다른 한 범주에는 모든 신자의 공통된 신앙 고백에 근거한 기독교적 정체성을 가리키는 구절들이 있다. 전자의 범주에서, 신자들 각자는 그리스도를 알고 믿고 주님으로 고백함으로써 그리스도와 친밀하고 영속적인 관계를 맺는다. 그리스도를 더 깊이 알아가면서 그분을 닮아가며, 그리스도의 관점과 뜻에 따라 자신과 세상을 바라본다. 이른바 '그리스도와의 연합'(union with Christ)이 일어나는 것이다. 그것을 요약적으로 표현한 것이 바로 "그리스도 안에서"이다.

하지만, 바울이 항상 그런 실존적이고 내면적인 의미로 "그리스도 안에서"를 사용한 것은 아니다. 그리스도는 신자들이 함께 모여 이룬 몸이다(고전 12:12). 그분 안에 있다는 것은 곧 그리스도인이라는 말이다. "그리스도 안에서 죽은 자들"(살전 4:16)은 곧 신자로서 세상을 떠난 이들을 가리킨다. 안드로니고와 유니아를 가리켜 "나보다 먼저 그리스도 안에 있는 자"(롬 16:7)라고 말하고, 유대인 그리스도인들을 "그리스도 안에 있는 유대의 교회들"이라고 지칭했을 때(갈 1:22)도 같은 의미이다.

이처럼 **엔 크리스토**를 신자와 그리스도의 관계—그것이 개인적이든 아니면 공동체적이든—를 중심으로 파악할 때 기억해야 할 것이 하나 있다. 애초에 전치사 **엔**은 공간 혹은 영역을 표현했으며, 그러한 의미는 완전히 사라지지 않고 **엔 크리스토**

어딘가에 남아서 신학적 여운을 만들어 낸다는 점이다. 예를 들어, 고린도후서 5장 19절, "곧 하나님께서 그리스도 안에 계시사 세상을 자기와 화목하게 하시며 그들의 죄를 그들에게 돌리지 아니하시고 화목하게 하는 말씀을 우리에게 부탁하셨느니라"는 말씀은 성육신하신 그리스도의 몸과 인격 안에 신성이 깃들어 있음을 암시한다.

마찬가지로 골로서새에 나오는 그리스도 찬가의 일부인, "하나님께서는 그분의 안에 모든 충만함을 머무르게 하시기를 기뻐하시고"(골 1:19, 『새번역』)라는 말씀과, "그 안에는 신성의 모든 충만이 육체로 거하시고"(골 2:9)라는 선언은 성육신하신 예수 그리스도의 육체적 임재가 그저 평범한 인간의 몸이 아니라 신적인 지혜와 능력이 담긴 몸으로 이루어 진 것임을 암시한다. 그리고 그 충만한 신성은 부활하신 예수 그리스도의 몸에 영원히 깃들어 있다.

또한 "그리스도 안에"는 우리를 향한 하나님의 사랑이 있다(롬 8:39). 바울은 하나님께서 택하여 주신 사람들을 위해서 모든 것을 참고 견뎠는데, 그 목적은 "그리스도 예수 안에 있는 구원"(딤후 2:10)을 영원한 영광과 함께 받기 위함이었다. 이처럼 "그리스도 안에"는 단순히 그리스도와의 관계나 신앙을 의미하는 것을 넘어서, 그리스도라는 우주적이고 초월적인 분

안에서 하나님을 발견하고 그분의 사랑을 느끼고 구원을 누린 다는 공간적 뉘앙스까지 포괄하고 있다.

에이스 - 목적, 대상

전치사 에이스(εἰς)는 신약성경에서 엔 다음으로 많이 사용되었다(1,768회). 이 전치사는 일반적으로 이동 방향을 뜻한다("-를 향해"). 비슷한 뜻을 가진 전치사 프로스가 어떤 대상이나 목적지를 향한 방향을 지시하는 것에 그치는 데 반해, 에이스는 목적지 자체에 도달해서 그 안으로까지 들어간다는 뜻을 가지고 있다. 물리적인 이동의 차원과 함께 관념적인 의미에서 목표나 완성, 혹은 결과를 뜻하는 경우도 많다. 예를 들어, 성만찬 제정의 말씀 중 "이를 행하여 나를 기념하라"(눅 22:19; 고전 11:25)라는 명령이 있다. 사실 원문을 직역하면 이 문장은 "나를 기념하기 위해 이를 행하라"이다. "나를 기념하기" 앞에 전치사 에이스가 있어서 목적 혹은 결과를 표현한다. 우리는 예수님을 기억할 목적으로 성만찬을 행한다. 혹은 성만찬을 행함으로써 예수님을 기억할 수 있게 된다.

예수님에 대한 기억에는 그분의 십자가 죽음이라는 사건 자체에 대한 기억도 포함되지만 그것이 전부는 아니다. 더군

다나 엄밀히 말해서 우리는 예수님의 죽음을 포함해서, 그분의 삶과 행적과 말씀을 직접 보거나 들은 적이 없기 때문에, 그것을 "기억한다"는 일은 불가능하다. 따라서 예수님을 기억하기 위해 우리가 할 수 있는 일은, 복음서와 나머지 신약성경을 통해 전해진 사도들의 "기억"을 물려 받아 그것을 우리의 삶에 일어난 사건으로 인식하고 느끼고 곱씹는 것이다. 그래서 성만찬은 나에게 말씀이 선포되는 자리일 뿐만 아니라, 나에게 선포된 예수님의 말씀과 능력과 사랑을 기억하는 전례다. 바꾸어 말하면, 말씀을 전하는 설교자와 말씀을 듣는 회중은 모두 성만찬을 염두에 두고 말씀을 전하며 들어야 한다.

전치사 에이스는 세례에 관해서도 신학적으로 되짚어 볼 기회를 제공한다.

> 베드로가 이르되 너희가 회개하여 각각 예수 그리스도의 이름으로 세례를 받고 죄 사함을 받으라 그리하면 성령의 선물을 받으리니 (행 2:38)

우리말 번역에 다소 밋밋하게 번역되어 있는 "세례를 받고 죄 사함을 받으라"라는 원문을 문자적으로 옮긴다면 다음과 같다. "죄 사함을 받기 위해 세례를 받으라" 또는 "세례를 받아서 (그 결과로) 죄 사함을 받으라." 그렇다면 세례와 죄 사함은 분리된 두 가지 상황이 아니다. 목적으로 보든, 결과로 보든 둘은 서로 긴밀하게 연결되어 있다. 다시 말해, 세례가 죄 사함을 위한 하나의 조건인 것이다. 죄 사함이 구원의 핵심적인 은혜라고 한다면, 이 구절에 근거해서 세례가 구원의 조건이라고 말할 수도 있다. 하지만 이 결론은 기독교 구원론은 물론 신약성경 전체, 무엇보다도 사도행전의 구원 신학에 부합하지 않는다. 구원은 순전히 하나님의 은혜로 주어지며, 물세례가 사람을 구원하는 것이 아니라는 점이 사도행전에 명확하고 반복적으로 나타나기 때문이다(행 10:43; 13:38-39, 48; 15:1; 16:30-31; 20:21; 26:18).

한 가지 더 짚어야 할 사실은, 2장 38절에서 모든 것 앞에 가장 먼저 제시된 명령이 "회개하[라]"라는 사실이다. 진정한 회개는 예수님을 믿고, 받아들이고, 주님으로 고백한다는 전제 위에 이루어지는 회개다. 그러한 회개를 한 후 세례를 받아야 한다. 아울러 2장 38절 끝에 언급된 성령의 은사 역시 구원의 과정에 통합된 요소라는 점을 기억해야 한다. 성령의 오심과 내주와 충만이 없는 세례, 즉 단순한 의식 행위로서의 세례는 무의미하다. 분명 여기서 베드로는 물세례라는 실제 전례를 말하고 있다. 기독교 신앙에서 물세례는 영적으로(내면적으로) 먼저 일어난 진정한 회개와 신앙, 그리고 성령이 주시는 깨달음과 변화를 공적이고 외적으로 확증하는 의식이다. 그렇기에 세례에 대하여 신학적으로 분명한 이해를 가지고 "죄 사함을 위한 세례"라는 구절을 읽어야 한다.

전치사 **에이스**가 단지 위치나 방향을 뜻하는 것을 넘어서 신학적인 함의를 가지고 있음을 보여주는 사례가 요한복음에도 나온다.

> 본래 하나님을 본 사람이 없으되 아버지 품 속에 있는 독생하신 하나님이 나타내셨느니라 (요 1:18)

그리스어 원문대로 직역하면 독생자는 "아버지 품 속으로 있는" 분이다. 만약 "품 속에 있는"이라고 표현하려고 했다면 전치사 **엔**(ἐν)을 썼을 것이다. 하지만 요한복음 저자는 굳이 **에이스**를 사용했다. 그 의도가 무엇일까? 어쩌면 요한복음 1장 1절에 나오는 전치사 **프로스**와 비슷한 기능을 여기 **에이스**가 하고 있는 것인지도 모른다. 역동적이고 지속적인 성자와 성부의 교제, 동역, 소통을 "품 속으로 있는", 즉 "'품 안을 향해 있다"라는 표현으로 나타낸 것이다. 더욱이, 지금 이 전치사에 연결된 동사는 "있다", "존재하다"라는 뜻을 가진 **에이미** 동사의 현재분사형이다. 직설법 이외의 법에서 그리스어 현재 시제는 "지금"이라는 제한된 시간이 아니라 무시간적 사태를 표현하곤 한다. 따라서 독생자가 성부의 "품 안을 향해 있다"라는 표현은 성육신 이전 로고스와 성부의 친밀하고 역동적인 사귐뿐 아니라, 부활하고 승천하신 성자가 성부에게로 돌아가서 태초의 그 사귐을 회복한다는 의미도 들어 있다. 성자와 성부의 이러한 관계는 요한복음 전체에서 여러 가지 표현으로 드러난다. 성자의 말씀과 능력, 영광은 모두 아버지로부터 받은 것이며, 아들만큼 아버지의 뜻, 생각, 말씀을 온전하게 아는 이는 없다.

프로스 - 방향 그리고 근접

전치사 **프로스**(πρός)의 가장 기본적인 의미는 물리적 공간에서 이동 방향("-을 향해", "-에게로")을 표현하는 것이다. 신약성경에서 총 700회 사용되었고, 이것은 전치사 중 다섯 번째로 높은 빈도수다. 비슷한 의미를 가진 전치사로는 **에이스**가 있다. 두 전치사를 구분하자면, **에이스**의 경우 어떤 장소나 공간으로 들어가는 것을 의미한다면, **프로스**는 어떤 대상(주로 사람)에 근접하는 것을 의미한다.

예를 들어, 다음과 같은 본문에 **프로스**가 쓰였다.

예수를 잡은 자들이 그를 끌고 대제사장 가야바에게로(πρὸς) 가니… (마 26:57).

그런데 지금 디모데가 여러분에서 우리에게로(πρὸς) 돌아와서…
(살전 3:6, 새번역)

프로스가 단순히 방향을 의미하는 것을 넘어설 때도 있다. 어느 지점이나 사물, 혹은 누군가를 향해 이동해서 아주 가까워진 상태를 가리키거나, 얼굴을 마주 봄으로써 친밀한 관계에 들어가는 것까지 표현하기도 한다. **프로스**가 이런 심오한 뜻을 표현하는 문장 중 하나가 요한복음 1장 1절이다. "태초에 말씀이 계시니라 이 말씀이 하나님과 함께 계셨으니 이 말씀은 곧 하나님이시니라"(요 1:1). 여기서 "함께"로 번역된 그리스어가 바로 **프로스**다.

고대 그리스어에서 "누군가와 함께 있다" 또는 "누군가의 옆에, 가까이에 있다"라는 뜻을 표현하기 위해 일반적으로 사용된 전치사는 **프로스**가 아니다. 그러한 뜻을 가진 전치사가 해야 할 역할을 **프로스**가 대신할 수는 없을까? 실제로 신약성경에는 **프로스**가 이동 방향의 표시가 아니라 정적인 상태에서 "가까이에 있다" 혹은 "함께 있다"라는 뜻으로 쓰인 용례가 없지 않다(막 6:3; 9:19; 14:49; 살전 3:4; 살후 2:5; 3:10; 요일 1:2). 하지만 과연 요한복음 1장 1절의 **프로스**를 그렇게 볼 수 있는가? 요한복음 내에서 움직임이 없이 단지 "가까이에 함께 있다"라는 뜻으로 **프로스**(와 대격 목적어)를 사용한 용례는 없다. 요한복음의 저자는 "함께 있다"를 표현하기 위해 언제나 **파라**(παρά와 여격 목적어)를 사용했다(요 1:39; 4:40; 8:38; 14:17, 23, 25; 19:25).

그렇다면, 요한복음 1장 1절의 **프로스**는 단순히 로고스와 하나님이 함께 있다는 뜻을 표현하는 것이 아니다. "계셨다"(ἦν)라는 동사는 분명 상태나 존재를 표현한다. 여기에 **프로스**가 더해짐으로써 태초에 로고스와 하나님 사이에 벌어졌던 역동적이고 입체적인 관계가 암시된다. 로고스는 하나님을 향하고 계셨다. 그분의 얼굴을 하나님께로 돌려 무언가 말씀하시거나, 하나님의 말씀을 직접 들으실 수 있었다. 하나님께 사랑을 표현하거나, 하나님의 사랑에 반응하실 수 있었다. 로고스와 하나님은 그냥 가만히, 나란히 앉아 계신 것이 아니라, 일어서서 마주보고 대화하고 웃으며 춤췄을 수 있다. 1장 1절의 주어는 로고스이고 하나님은 전치사와 결합한 객체이기 때문에, 이 구절로부터 요한복음 17장 21절과 같은 '상호 내주'의 개념까지 뽑아내기는 어렵다. 하지만, 로고스가 신성을 지녔다는 평평한 선언이 요한복음 1장 1절에 담긴 의미의 전부는 아니다. 성부와 성자의 역동적인 교제와 교류, 풍성한 나눔의 관계를 전치사 **프로스**를 통해 상상해 볼 수 있는 것이다.

전치사 **프로스**는 삼위일체 하나님 사이의 관계만이 아니라 하나님과 성도와의 관계를 표현하는 데에도 쓰였다. 고린도후서 5장 8절, "우리가 담대하여 원하는 바는 차라리 몸을 떠나 주와 함께 있는 그것이라"가 그 예이다. 고린도후서 4장에서 바울은 그의 사도권의 기초가 겉으로 보이는 것들, 이를테면 외모나 출신과 같은 것들에 있지 않다고 강조한다.

바울은 "질그릇"(고후 4:7)과 같다. 그는 자주 사방으로 우겨쌈과 박해와 거꾸러뜨림을 당하고 있다. 그의 겉사람은 낡고 있다. 하지만 그에게는 예수 그리스도의 생명이 있어 그의 속사람은 날로 새로워진다. 보이는 것은 잠깐이며 보이지 않는 것이 영원하다(고후 4:18). 4장 18절은 곧장 그의 죽음관으로 이어진다. 5장에서 바울은 성도 각자가 죽어서 어떻게 될 것인지를 묘사한다. 장막 집이 무너지면 하늘에 있는 영원한 집이 우리를 기다린다. 그리고 나서 바울은 이 세상에서 어떤 것을 더 누리기보다 그리스도와 함께 있는 것을 갈망한다는 개인적 소망을 피력한다.

"몸을 떠나 주와 함께 있는 그것"(고후 5:8). 여기에 전치사 **프로스**가 있다. 바울이 바라는 것은 단지 주와 함께 있는 것만이 아니다. 바울이 바라는 것은 주를 향해 있는 것이다. 바울은 주와 얼굴을 맞대고 보기를, 주와 대화하고 손을 잡고 껴안고 춤을 추기를 갈망한다. 이렇듯 그저 한 공간 안에 같이 있는 것 이상의 역동적이고 관계적인 측면을 **프로스**가 표현한다. 주님을 향해, 주님과 마주보며, 주님과 교제할 수 있는 곳, 그곳이 바로 천국이다.

디아 - 이유, 매개, 혹은 기원

전치사 디아(διά)는 신약성경에서 총 668회 쓰였고 빈도순으로는 여섯 번째이다. 이 전치사는 일차적으로 물리적인 공간 내에서 사물 등이 무엇인가를 관통하여 움직일 때("-을 통[과]하여") 사용되었다. 하지만 신약성경 용례 대부분은 물리적 차원보다 관념적 차원에서 언급된다. 크게 두 가지 의미를 띠는데, 첫째로 속격 명사와 함께 **수단**이나 **도구**를 나타내고, 둘째로, 대격 명사와 함께 **이유**나 **목적**을 나타낸다. 전자는 우리말로 "-(으)로써" 또는 "-을/를 통하여"로 옮겨지고, 후자는 대개 "-때문에"라고 옮겨진다.

흔히 갈라디아서 전체의 주제문이라고 여겨지는 5장 6절에는 수단의 디아가 나타난다.

> 그리스도 예수 안에서는 할례나 무할례나 효력이 없으되 사랑으로써 역사하는 믿음뿐이니라 (갈 5:6)

할례나 무할례 모두 구원을 이루는 데 아무런 효력이 없다. 믿음이 사랑이라는 수단("사랑으로써")을 사용해서 작용할 때, 비로소 그리스도 안에 거하며 살아갈 수 있다.

수단은 그것이 사물이나 사건일 때는 도구를 가리키겠지만, 만약 사람을 수단으로 삼을 경우 그 사람은 일정한 의지와 능력을 지니고 있기 때문에 제한적이나마 행위의 주체성을 갖게 된다. 예를 들어, 고린도전서 8장 6절을 보자.

> 그러나 우리에게는 한 하나님 곧 아버지가 계시니 만물이 그에게서 났고 우리도 그를 위하여 있고 또한 한 주 예수 그리스도께서 계시니 만물이 그로 말미암고 우리도 그로 말미암아 있느니라 (고전 8:6)

여기서 "말미암[다]"라고 옮겨진 그리스어는 디아이다("말미암다"보다 "-을 통해"가 더 나을 것 같다). 창조된 모든 존재의 근원은 하나님이시다("만물이 그에게서 났고"). 무엇보다 하나님의 백성으로서 우리 존재의 목적 또한 하나님 아버지이시다("우리도 그를 위하여 있고"). 또한 예수 그리스도는 우리를 포함한 만물의 창조, 그리고 만물의 존재를 가능하게 하는 분이시다("만물이 그로 말미암고"). 이 말씀은 세상이 생겨나고 지탱되는 데 있어서 그리스도께서 매개자로서 일정한 역할을 해 왔음을 의미한다(즉, 만물이 그를 통해 존재한다).

디아의 또 다른 의미는 이유나 목적이다. 이는 골로새서 1장 4-5절에 잘 표현되어 있다.

> ⁴ 우리는 그리스도 예수에 대한 여러분의 믿음과 모든 성도를 향해서 여러분이 품고 있는 사랑을 전해 들었습니다 ⁵ 이 믿음과 사랑은 여러분을 위하여 하늘에 쌓아 두신 소망에 근거합니다 이 소망은 여러분이 진리의 말씀 곧 복음을 받아들일 때에 이미 들은 것입니다 (골 1:4-5)

골로새 신자들이 지닌 믿음과 사랑의 이유와 목적은 하늘에 마련된 소망에 있다. 그 소망 때문에(혹은 그 소망을 위해) 신자들은 신실함을 지키고 사랑을 실천하며 살아간다. 아쉽게도

『개역개정』은 이 구절에서 **디아**를 제대로 옮기지 않아 소망이 믿음과 사랑과 어떤 관계인지 제대로 드러내지 못하고 있다.

또 다른 사례로 로마서 4장 25절이 있다.

> 예수는 우리가 범죄한 것 때문에 내줌이 되고 또한 우리를 의롭다 하시기 위하여 살아나셨느니라 (롬 4:25)

여기서 바울은 디아를 두 차례 반복함으로써 의도적으로 대구를 만들었다. 우리말로는 "때문에"와 "위하여"라고 다르게 옮겨졌지만, 원문에는 둘 다 디아로 되어 있다. 만약 동일한 단어가 사용되었다는 사실을 정확히 드러내고자 한다면, 하반절을 다음과 같이 번역할 수도 있다. "우리를 의롭다 하시려는 것 때문에 살아나셨느니라"

전치사의 신학

이처럼 전치사라는 짧은 한 단어 속에도 깊은 신학적 함의가 담겨 있다. 랍비들은 자음 하나, 모음 하나를 두고도 수많은 주석을 달며 교리를 논했다. 성경은 미시적으로만 읽어서도 안 되고, 거시적으로만 읽어서도 안 된다. 전치사 하나에 담긴 미세한 의미들은 거대한 신학적 구조를 짓는 벽돌과 같다. 전치사에 관한 미시적 발견이 벽돌 하나를 구워내고 마는 일이라면, 단락 하나 책 하나의 거시적 메시지와 구조를 파악하는 데만 만족하는 것은 속이 텅 빈 골판지로 집을 짓는 일이다. 단단하고 다채로운 벽돌로 벽체를 세우고 기둥을 쌓아야 집이 오래 가듯, 전치사 하나가 만들어 내는 의미를 충분히 음미해야, 단락과 책의 의미를 더욱 풍성하게 설명할 수 있다.

신약 언어 학습 가이드

초급 문법과 사전

먼저, 그리스어(헬라어)를 처음 배우는 단계에서는 크게 초급 문법 교재와 사전(lexicon)이 필요하다. 다른 외국어와 마찬가지로 그리스어 역시 꾸준하고 일정한 시간을 반드시 투자해야 한다. 평균적인 언어 습득 능력을 지닌 사람이 한 주에 세 시간씩 공부할 경우, 초급 문법을 익히는 데 소요되는 시간은 일반적으로 60주 혹은 4학기다.

초급 문법 교재로는 J. Gresham Machen이 1923년에 펴낸 *New Testament Greek for Beginners*를 번역한 것이 오랫동안 사용되었다. 『신약성서 헬라어 교본』 등 여러 제목을 달고 다수의 출판사에서 출간되었다. 이 외에도 '신약'이라는 표현이 들어간 그리스어 교재들이 많다. 신약성경만을 읽겠다고 한다면 기본적인 교재만으로도 부족함이 없다. 하지만 그리스어를 처음 배울 때 이왕이면 고전 그리스어(classical Greek) 문법까지 배워두는 것이 여러 모로 좋다. 국내에서는 정암학당이나 서울대학교 서양고전학 대학원 협동과정 등에서 운영하는 초급 강좌가 주기적으로 열린다. 인터넷에서 '고전어 강좌' 혹은 '그리스어 강좌'로 검색하면 된다. 고전 그리스어의 경우 A. H. Chase와 H. P. Phillips, Jr.가 공저한 *A New Introduction to Greek* (1965년 3판 증보판)을 최근 우리말로 번역한 『하버드 고전 그리스어 기본 문법』을 주로 사용한다.

사전(Lexicon)은 휴대가 거의 불가능한 두껍고 무거운 대사전과 그것을 줄여서 휴대가 가능하도록 만든 소사전, 두 종류가 있다. 하지만 최근에는 어느 사전이든 디지털 혹은 온라인 버전으로 접근이 가능해졌기 때문에 대부분의 학생들에게 휴대성은 더 이상 문제가 아니다. 신약성경과 초기 기독교 문헌의 용례를 중심으로 편집된 사전으로는 BDAG 그리고 그것의 축소판인 Danker 사전이 있다. BDAG는 사전의 편집자 네 사람의 성(Bauer, Danker, Arndt, Gingrich)의 첫 글자를 모아 부르는 별칭이다.

- BDAG: *A Greek-English Lexicon of the New Testament and Other Early Christian Literature.* Revised and Edited by Frederick William Danker. 3d edition. Chicago/London: University of Chicago Press, 2000.

- Danker: F. W. Danker. *The Concise Greek-English Lexicon of the New Testament.* Chicago/London: University of Chicago Press, 2009.

둘 중 아래 사전은 우리말로 번역되어 있다(김한원 역, 『신약성서 그리스어 사전』, 새물결플러스, 2017). 위의 사전은 번역되어 있지 않지만, 그것의 기초가 된 독일어판, *Griechisch-deutsches Wörterbuch zu den Schriften des Neuen Testaments und der übrigen urchristlichen Literatur* (제6판, 1988)은 우리말로 번역되어 있다. 『바우어 헬라어 사전. 신약성경과 초기 기독교 문헌의 헬라어-한국어 사전』(생명의 말씀사, 2017). BDAG와 Danker는 로고스 바이블을 비롯한 각종 성경 프로그램에서 디지털 버전으로 사용할 수 있다. 하지만 성경 프로그램을 구입하는 데 만만치 않은 비용이 들고, 또한 따로 사용법을 익혀야 한다는 단점이 있다. 그래서 『신약성서 그리스어 사전』(휴대 가능)이나 『바우어 헬라어 사전』(휴대 불가능, 하지만 자세한 정보 제공)을 구입하는 것이 보다 현실적인 방안일 수 있다.

사실 위 두 사전보다 내가 개인적으로 더 추천하는 사전은 다음의 두 가지이다.

• *Greek-English Lexicon*, Ninth Edition with a Revised Supplement. 9th Edition. Edited by H. G. Liddell, R. Scott, H. S. Jones. Oxford: Clarendon Press, 1940.

• *An Intermediate Greek-English Lexicon*: Founded upon the Seventh Edition of Liddell and Scott's Greek-English Lexicon. 7th Edition. Oxford: Oxford University Press, 1945.

전자는 편집자들의 성을 따서 Liddell & Scott("리들앤스캇") 혹은 LSJ라고 불리고, 후자는 전자의 축약판이기 때문에 Middle Liddell("미들리들")이라고 불린다.

두 가지 모두 현재는 저작권이 풀려서 인터넷에서 검색하면 pdf 버전으로도 받을 수 있다. 단어를 하나씩 입력해서 이용할 수 있는 플랫폼도 여러 개가 있다. 대표적으로 Perseus

Digital Library가 있는데 무료인데다가 이용하기도 편리하다 ("greek word study"로 검색). 다만, 영어로 이용해야 하고 한국어 번역은 지원되지 않는다. 온라인 사용이 불편하면 종이로 된 책을 구입하면 되고, 그럴 경우 휴대가 가능한 후자를 추천한다.

중급 문법과 참고 문법서

초급 문법을 떼고 나면 신약성경과 칠십인역 구약성경, 초기 교부 문헌, 고전 그리스 문헌까지 읽으면서 독해력을 향상시켜야 한다. 이때 초급 문법 책을 버리지 말고, 잘 기억나지 않거나 헷갈릴 때마다 수시로 들여다 보며 복습해야 한다.

하지만 실제 그리스어로 쓰인 고대 문헌을 읽다 보면 초급 문법만으로 설명하기 어려운 구문과 문법 사항들이 많이 나온다. 이런 상황에서 중급 단계로 그리스어 실력을 향상시키는 두 가지 방법이 있다. 하나는 강독을 하기 전 '구문론'을 체계적으로 배우는 방법이다. 또 하나는 강독을 진행하면서 문헌에서 어려운 구문이 나올 때마다 참고 문법서(reference grammar)를 확인하는 방법이다. 신약성경 구문론을 익히기 위한 교재로는 월리스(Daniel B. Wallace)의 *The Basics of New Testament Syntax*(Zondervan, 2000)가 있고, 이는 『월리스 중급 헬라어 문법』

(IVP, 2019)이라는 제목으로 번역되었다. 이 책과 연동되는 연습문제집이 있는데(*A Workbook for New Testament Syntax*), 이것도 번역되었다(『월리스 헬라어 구문론 실제』[성서침례대학원대학교출판부, 2021]). 사실 조금 전 언급한 구문론 교재는, 그보다 더 먼저 나오고 더 두꺼운 *Greek Grammar Beyond the Basics: An Exegetical Syntax of the New Testament with Scripture, Subject, and Greek Word Indexes*(Zondervan, 1997)의 축약판이다. 이 책은 내용이 상세하고 색인이 잘 되어 있어서 참고 문법서로 활용하기에 좋다. 이 외에도 신약성경 강독을 위한 참고 문법서로 활용하기에 좋은 책 두 권이 있다.

• BDF: *Greek Grammar of the New Testament and Other Early Christian Literature*. Revised Edition. Edited by F. Blass, A. Debrunner, R. W. Funk. Chicago: University of Chicago Press, 1961.

• Zerwick, M. *Biblical Greek*: Illustrated By Examples. English edition From The Fourth Latin Edition By Joseph Smith. Rome: Gregorian & Biblical Press, 1960.

고전 그리스어 문헌을 강독하다보면, 신약성경 그리스어 구문론으로 설명되지 않는 문장이 자주 나온다. 그때 사용할 수 있는 참고문법서 중 가장 권위있는 것은 스마이스(H. W. Smyth)의 *Greek Grammar*(Harvard University Press, 1956)이다. 이 책은 인터넷에서 검색하면 pdf 버전을 쉽게 구할 수 있다.

단어 연구를 위한 콘코던스와 신학사전

신약성경에 나오는 그리스어 단어의 어원, 본래 그리스 문화에서 사용될 때 지녔던 의미, 신약성경 전체에서의 용례, 그리고 칠십인역 안에서 특정한 히브리어의 번역어로 사용될 때 일어난 의미 변화 등을 살펴볼 때 유용한 자료는 다음과 같다.

• *Handkonkordanz zum griechischen Neuen Testament: Nach dem Text des Novum Testamentum Graece von Nestle-Aland und des Greek New Testament.* Edited by Alfred Schmoller. German Bible Society, 2014.

• *A Concordance to the Septuagint and the Other Greek Versions of the Old Testament.* Edited by E. Hatch and

H. A. Redpath. Akademische Druck Verlagsanstalt, 1954.

• TDNT: *Theological Dictionary of the New Testament*. Edited by G. Kittel. Translated by G. W. Bromiley and G. Friedrich. 10 Volumes. Eerdmans, 1964.

• NIDNTTE: *New International Dictionary of New Testament Theology and Exegesis*, 2nd Edition. Edited by Moisés Silva. 5 Volumes. Zondervan, 2014.

첫째 자료는 콘코던스, 즉 신약성경에서 각 단어가 어디에 얼마나 자주 나오는지를 알려주는 자료다. 우리말로는 '성구사전'이라고 부르기도 하지만 적합한 번역인 것 같지는 않다. 사실 종이책으로 이 자료를 구해서 사용하기보다, 로고스 바이블과 같은 성경 프로그램을 사용하면 훨씬 더 빠르고 정확하게 용례 검색을 할 수 있다. 성경 프로그램 사용이 어렵다면 종이책을 사용하면 된다.

둘째 자료의 경우 제목에는 콘코던스라고 되어 있지만, 실제로는 콘코던스 이상의 자료를 담고 있다. 구약성경 칠십인역에 나오는 그리스어 단어가 어떤 히브리어 단어로부터 번역된 것인지를 보여주는 자료다. 스캔하여 pdf로 만들어진 자료가 인터넷에 유포되어 있기는 하지만 워낙 글씨가 작고 한 페이지에 지나치게 많은 양의 정보가 들어 있어 활용이 어렵다. 가능하다면 종이책을 활용하는 것이 좋다.

셋째 자료는 신약성경의 단어 연구를 총망라한 자료다. 신약성경에 나오는 단어가 그리스 문화에서, 칠십인역과 유대문헌에서, 그리고 신약성경에서 어떤 의미로 쓰였는지에 관한 설명을 풍부한 용례와 함께 제공한다. 두꺼운 책 열 권으로 이루어져 있어서 자주 사용하기는 어렵지만, 가히 신약성경 단어 연구의 보고라 할 수 있다. 전문적인 학술 연구를 위해 사용되는 권위 있는 자료다. 디지털 버전이 많이 나와 있어서 성경 프로그램을 활용하면 훨씬 쉽게 접근할 수 있다.

넷째 자료는 TDNT와 유사하지만 신학적으로 복음주의적 관점과 비평적 관점이 균형을 이루고 있다. 최근에 출판된 만큼 자료와 내용에 있어서도 업데이트가 많이 되어 있다. TDNT를 보다 보면 정보의 바다에 빠져 허우적대는 듯한 느낌이 들 때가 있는데, NIDNTTE의 경우 정보의 폭과 깊이가 균형을 이루고 있어서 필요한 내용을 쉽게 찾을 수 있다. 목회자들이나 일반 독자들을 위해서는 TDNT보다 NIDNTTE를 추천한다.

신약 언어 수업

초판1쇄	2025년 11월 19일

저자	조재천
편집	박선영 박이삭 이학영
디자인	와이앤와이 (ynybookdesign@gmail.com)

발행처	도서출판 학영
이메일	hypublisher@gmail.com
FAX	02-6305-8198

페이스북	/hypublishingcompany
인스타그램	@hy.pub
스레드	@hy.pub

ISBN	9791193931172 (03230)
정 가	15,800원